Muttersprache plus

Arbeitsheft 6

Erarbeitet von
Bärbel Döring
Jana Dörschmann
Marion Gutzmann
Karin Mann
Iris Marko
Antje Pechau
Petra Schön

VOLK UND WISSEN

Zu diesem Arbeitsheft gibt es ein passendes **Schülerbuch** (ISBN 978-3-06-062986-2).

Redaktion: Dirk Held, Ottobrunn; Christina Nier, Gabriella Wenzel
Bildrecherche: Angelika Wagener
Illustration: Wiebke Hasselmann, Ritterhude; Christa Unzner, Berlin
Umschlaggestaltung: werkstatt für gebrauchsgrafik, Berlin
Umschlagillustration: Dorothee Mahnkopf, Diez a. d. Lahn
Layoutkonzept: Farnschläder & Mahlstedt, Hamburg
Technische Umsetzung: Klein & Halm Grafikdesign, Berlin

Autorinnen und Redaktion danken Bernd Skibitzki für wertvolle Anregungen und praktische Hinweise bei der Entwicklung des Manuskripts.

Quellenangaben:
Texte: 7 f. Krabat tappte ... Aus: Preußler, Otfried: Krabat. Stuttgart: Thienemann, 1981, S. 14 f. **10** Junge rettet Dreijährige vor Ertrinken. Aus: Mitteldeutsche Zeitung vom 18. Juli 2009, S. 24 (Panorama). **14** Alter John besuchte ... Aus: Härtling, Peter: Alter John. Weinheim: Beltz & Gelberg, 1981, S. 11, 18. **16** Von März bis April ... Aus: Biologie. Band 1. Berlin: Volk und Wissen Verlag, 1993, S. 95. **18** Der Salzlakeneffekt. Aus: Das große Buch der Experimente: Über 200 Versuche aus allen Wissensgebieten. Ins Dt. übertr. von Anke Schreiber. Augsburg: Bechtermünz, 2000, S. 53. **19** Zuerst wird die Lampe ausgeschaltet. Aus: Duden. 150 Aufsatzübungen. 5. bis 10. Klasse. Mannheim: Duden, 2008, S. 28. **20** Schuhverrückter Fuchs klaut wieder. Aus: Mitteldeutsche Zeitung, 11. August 2009, S. 24 (Panorama). **25** La Fontaine, Jean de: Der Rabe und der Fuchs. Aus: La Fontaine, Jean de: Fabeln. Aus dem Französischen von Ernst Dohm. Ausgewählt von Maximilian Graf. Köln: Anaconda, 2005, S. 6. **27** Roswitha Fröhlich: Der Zauberstein. Aus: Hans-Joachim Gelberg (Hg.): Überall und neben dir. Beltz Verlag, Weinheim und Basel 1989, S. 272. **28** Matthias Claudius. Die Sternseherin Lisa. Aus: Der Mond ist aufgegangen. Gedichte und Prosa. Eine Auswahl von Reinhard Görisch. Insel Verlag (taschenbuch 2178), Frankfurt am Main und Leipzig 1998, S. 213. **29** Franz Hohler: Der Vogel Angst. Aus: Vierzig vorbei. Gedichte. Luchterhand Literaturverlag, München 1989. Paul Maar: Ein Traum. Aus: Gedichte von Paul Maar: JAguar und NEINguar, Verlag Friedrich Oetinger GmbH, Hamburg 2007, S. 86. **30** Viola Richter: Mitten in der Nacht. Aus: Hans-Joachim Gelberg (Hg): Überall und neben dir. Beltz Verlag, Weinheim und Basel 1989, S. 146. **31** Uhland, Ludwig: Frühlingsglaube. Aus: Bausinger, Hermann (Hg.): Ludwig Uhland. Ausgewählte Werke. München, Winkler, 1987, S. 22. Mörike, Eduard: Er ist's. Aus: Mörikes Werke in einem Band. Berlin, Weimar: Aufbau, 1969, S. 53. **33** Der hochgelehrte Kuin. Aus: Vom hochgelehrten Kuin. Gustav Kiepenheuer Verlag, Weimar und Leipzig 1978, S. 46/47. **36 f.** Der Rattenfänger zu Hameln. Aus: G. Burde-Schneidewind (Hg.): Das steinerne Weib. Volkssagen aus fünf Jahrhunderten. Hinstorff Verlag, Rostock 1979.
39 Der Ruf des Waldes. Aus: Neil Philip: Robin Hood. Der legendäre Held der Unterdrückten. Seine Geschichte und seine Zeit. Gerstenberg Verlag, Hildesheim 1998, S. 16. Das Schloss des Nordwindes. Aus: ebenda. **41 f.** Andreas Schlüter: Level 4 – Die Stadt der Kinder (Auszug). Deutscher Taschenbuch Verlag, München 2004, S. 34–36. **44 f.** Nach: Nigge, Klaus: Weißkopfseeadler – Der Stolze mit dem scharfen Blick. Aus: Geo Magazin, Nr. 03/2000 (gekürzt und geändert).
51 Wir wissen ... Aus: Hahn, Ente und Hammel als erste Passagiere. Aus: Ostthüringer Zeitung (OTZ), 18.08.2004.
76 f. *lesen, Laptop*: Aus: Duden: Die deutsche Rechtschreibung. 25., völlig neu bearbeitete und erweiterte Auflage. Mannheim, Zürich, Wien: Dudenverlag, 2009, S. 684, 672. **77** *easy*: Aus: Ehmann, Hermann: Affengeil. Ein Lexikon der Jugendsprache. München: Beck, 1994, S. 56. **78** Heimatlose. Aus: Pape, Walter (Hg.): Joachim Ringelnatz: Das Gesamtwerk in sieben Bänden. Gedichte. Zürich: Diogenes, 1994, S. 308. **89** Mary wachte ... Aus: Burnett, Frances Hodgson. Der geheime Garten. Würzburg: Arena Verlag, 1995. S. 101 f. **91** Traufetter, Gerald: Müllhalde im Bauch. Aus: Dein Spiegel. Die Welt verstehen, Nr. 1/2009, S. 36 **f.**
Fotos: 7 *Buchcover*: Thienemann Verlag, Stuttgart 1981; Century Fox/ Cinetext, Frankfurt am Main **10** picture-alliance/ dpa, Frankfurt am Main **16** *Illustration unten* diGraph, Lahr **20** picture-alliance/dpa, Frankfurt am Main **41** *Buchcover*: Andreas Schlüter: Level 4 – Die Stadt der Kinder. Deutscher Taschenbuch Verlag, München 2004. **44** picture-alliance/ OKAPIA, Frankfurt am Main **91** picture-alliance/Photoshot, Frankfurt am Main **93** picture-alliance/NHPA/photoshot, Frankfurt am Main **95** picture-alliance/© Evolve/Photoshot
de.fotolia.com ©: **16** Ervin Monn **17** Gennadiy Kanivets **67** Anton Rezic **69** alphavisions **70** Eberhard Räder **72** Jean-Michel Leclercq **88** Alexander Rochau (1), Amir Kaljikovic (2), Mollypix (3), Antje Lindert-Rottke (4)

www.cornelsen.de

1. Auflage, 1. Druck 2013

Alle Drucke dieser Auflage sind inhaltlich unverändert
und können im Unterricht nebeneinander verwendet werden.

Druck: Himmer AG, Augsburg

ISBN 978-3-06-062992-3

Inhalt gedruckt auf säurefreiem Papier aus nachhaltiger Forstwirtschaft.

Inhalt

Zuhören, Sprechen, Schreiben, Lesen

Schritt für Schritt: Wort – Satz – Text

Gespräche führen – eine Meinung vertreten

Sich mit verschiedenen Meinungen auseinandersetzen

!

Manche Probleme lassen sich nur in einer **Diskussion** klären. In einer Diskussion muss man sich **mit den Meinungen anderer auseinandersetzen** und darauf eingehen, z. B.:

Zustimmung: *Da stimme ich dir zu. Du hast Recht. Ich bin deiner Meinung.*
Ablehnung: *Ich sehe das anders. Da bin ich anderer Meinung. Damit bin ich nicht einverstanden.*
Kompromiss: *Ich bin nicht ganz einverstanden. Ich könnte zustimmen, wenn ...*
Das ist in Ordnung, wenn ...

Außerdem muss man sich überlegen, welche eigene **Meinung** man zu dem Thema hat, und diese gut **begründen**. Dazu kann man Sätze mit ***weil, deshalb, denn*** verwenden, z. B.:
Ich bin dagegen, weil ...
Deine Idee finde ich gut, deshalb ...
Das überzeugt mich nicht, denn ...

1 Paul unterhält sich mit anderen über die geplante Klassenfahrt.

a Lies das folgende Gespräch.

Paul Für unsere Klassenfahrt im Mai schlage ich das Schullandheim in Güntersberge im Harz vor, weil wir von dort aus viel unternehmen können.
Lisa Ich bin da anderer Meinung. Was wollen wir denn mitten im Wald?
Tom Für mich klingt Pauls Vorschlag interessant. Wir müssen uns aber noch genau nach den Ausflugsmöglichkeiten erkundigen.
Dana Du hast Recht. Wir können erst abstimmen, wenn wir mehr wissen. Ich würde aber als weiteres Ziel noch Warnemünde an der Ostsee vorschlagen.
Anja Das ist in Ordnung. Ich denke, viele Mädchen wollen lieber in eine Stadt.
Eric Ich stimme Dana zu. Wir brauchen Programmangebote von zwei unterschiedlichen Zielen, damit wir dann abstimmen können.

b Unterstreiche die Wendungen, mit denen die Kinder jeweils auf die Meinung der Vorredner eingehen.

c Schreibe Pauls mögliche Antwort auf Erics Äußerung auf.

____

____

2 In der Diskussion schlägt Paul Güntersberge im Harz vor und Dana Warnemünde an der Ostsee.
Formuliere zu den Vorschlägen folgende Meinungen.

TIPP
Nutze die Formulierungen aus dem Merkkasten (S. 5).

Zustimmung: ______________________________

____

Ablehnung: ______________________________

____

Kompromiss: ______________________________

____

3 Die Abstimmung in der Klasse hat ergeben, dass die Mehrheit in das Schullandheim nach Güntersberge fahren will. Was hältst du von der Entscheidung der Klasse? Schreibe deine Meinung auf und begründe sie.

____

____

____

____

____

____

____

____

____

____

____

____

____

____

Erzählen

Aus einer anderen Perspektive nacherzählen

!

Man kann eine Geschichte **aus einer anderen Perspektive**, das heißt aus der Sicht einer anderen Person, erzählen.
Der **Ich-Erzähler** ist am Geschehen selbst beteiligt, erzählt aus seiner Sicht und gibt seine Gedanken und Gefühle wieder, z. B.:
Ich tappte ein Stück durch den Wald, mir war etwas unheimlich.
Die **Sie-Erzählerin** / der **Er-Erzähler** ist nicht selbst beteiligt, sondern beobachtet von außen, z. B.:
Krabat tappte ein Stück durch den Wald wie ein Blinder im Nebel.

1 „Krabat" ist ein Roman von Otfried Preußler. Er erzählt die Geschichte eines 14-jährigen Waisenjungen, der sich als Lehrling in einer unheimlichen Mühle verdingt.
Lies den folgenden Textauszug.

Krabat tappte ein Stück durch den Wald wie ein Blinder im Nebel, dann stieß er auf eine Lichtung. Als er sich anschickte, unter den Bäumen hervorzutreten, riss das Gewölk auf, der Mond kam zum Vorschein, alles war plötzlich in kaltes Licht getaucht.
Jetzt sah Krabat die Mühle. [...]
Beherzt schritt er auf die Mühle zu, fand die Haustür verschlossen und klopfte.
Er klopfte einmal, er klopfte zweimal: Nichts rührte sich drinnen. Kein Hund schlug an, keine Treppe knarrte, kein Schlüsselbund rasselte – nichts.
Krabat klopfte ein drittes Mal, dass ihn die Knöchel schmerzten.
Wieder blieb alles still in der Mühle. Da drückte er probehalber die Klinke nieder: Die Tür ließ sich öffnen, sie war nicht verriegelt, er trat in den Hausflur ein.

Grabesstille empfing ihn und tiefe Finsternis. Hinten jedoch, am Ende des Ganges, etwas wie ein schwacher Lichtschein. Der Schimmer von einem Schimmer bloß.
„Wo Licht ist, werden auch Leute sein", sagte sich Krabat.
Die Arme vorgestreckt, tastete er sich weiter. Das Licht drang, er sah es im Näherkommen, durch einen Spalt in der Tür, die den Gang an der Rückseite abschloss. Neugier ergriff ihn, auf Zehenspitzen schlich er sich zu der Ritze und spähte hindurch.
Sein Blick fiel in eine schwarze, vom Schein einer einzigen Kerze erhellte Kammer. Die Kerze war rot. Sie klebte auf einem Totenschädel, der lag auf dem Tisch, der die Mitte des Raumes einnahm. Hinter dem Tisch saß ein

massiger, dunkel gekleideter Mann, sehr bleich im Gesicht, wie mit Kalk bestrichen; ein schwarzes Pflaster bedeckte sein linkes Auge. Vor ihm auf dem Tisch lag ein dickes, in Leder eingebundenes Buch, das an einer Kette hing: Darin las er.
Nun hob er den Kopf und starrte herüber, als habe er Krabat hinter dem Türspalt ausgemacht. Der Blick ging dem Jungen durch Mark und Bein. Das Auge begann ihn zu jucken, es tränte, das Bild in der Kammer verwischte sich.
Krabat rieb sich das Auge – da merkte er, wie sich ihm eine eiskalte Hand auf die Schulter legte, von hinten, er spürte die Kälte durch Rock und Hemd hindurch. Gleichzeitig hörte er jemand mit heiserer Stimme auf Wendisch[1] sagen:
„Da bist du ja!“
Krabat zuckte zusammen, die Stimme kannte er. Als er sich umwandte, stand er dem Mann gegenüber – dem Mann mit der Augenklappe.

[1] sorbische Sprache im Spreewald

2 Erzähle den Textabschnitt aus der Sicht von Krabat nach.

Die Nacherzählung planen

a Lies den Text noch einmal und teile ihn in Abschnitte ein. Ziehe unter jedem Abschnitt mit Bleistift eine Linie.

b Schreibe zu jedem Abschnitt Stichpunkte zum Geschehen auf. Beachte, was für Krabats Erzählung besonders wichtig ist.

TIPP
Lass bei Stichpunkten das Subjekt weg oder verwende das Verb im Infinitiv.

– durch den Wald wie blind

Die Nacherzählung üben

c Übe deine mündliche Nacherzählung mithilfe der Stichpunkte. Trage sie dann der Klasse vor.

Eine Geschichte fortsetzen

1 Schreibe die Geschichte von Krabat weiter.

Die Geschichte planen

a Lies die folgenden Wörter und Wortgruppen.

Meister | mustern | schweigend | Lehrjunge | der Müller | ein dumpfes Rumoren und Tosen | Schlag ein! | linke Hand | Stimme klang fremd

TIPP
Achte darauf, dass du keine vollständigen Sätze schreibst.

b Notiere Stichpunkte zur Fortsetzung der Geschichte.
Du kannst die Wörter aus Aufgabe a nutzen.

Textteile entwerfen

c Formuliere nun die ersten Sätze.

Schweigend musterte der Mann Krabat, dann

Einen Entwurf schreiben ●●●

d Schreibe die Geschichte in deinem Heft weiter.

Einen Erzählkern ausgestalten

!

Um Geschichten zu erfinden, kann man einen Erzählkern nutzen, z. B. eine Zeitungsmeldung. Man entnimmt dem Erzählkern wichtige Informationen zu **Ort**, **Zeit**, **Personen** und **Handlungsschritten**, baut diese aus, erfindet weitere dazu und denkt sich so eine passende Geschichte aus.
Man sollte auf eine folgerichtige und anschauliche Darstellung achten und eine passende **Überschrift** finden.

1

a Lies folgende Zeitungsmeldung.

Junge rettet Dreijährige vor Ertrinken

München/dpa – Filip ist erst elf Jahre alt und doch schon ein Held. Am Riemer See in München hat er ein dreijähriges Mädchen vor dem Ertrinken gerettet. Die Kleine war in das Gewässer gelaufen, während sich ihre Mutter nach dem Baden umzog und einen Moment nicht aufpasste. Wie ihr Lebensretter gestern auf einer Pressekonferenz der Polizei erzählte, hatte er beobachtet, wie das Mädchen nach Luft schnappte und dann unterging. Kurzerhand sprang er ins Wasser, wo sich die Dreijährige an ihn klammerte. So gelangten beide unversehrt ans Ufer.

Die Geschichte planen

b Suche die wichtigen Informationen aus der Zeitungsmeldung heraus. Ergänze die *W*-Fragen.

Wer? ______________________________

Wann? ______________________________

Wo? ______________________________

Was passierte? ______________________________

____

c Zerlege die Handlung in Handlungsschritte und ordne diese sinnvoll.

1. ______________________________

____

____

____

2

a Möchtest du weitere Personen in die Geschichte aufnehmen? Beschreibe sie kurz und gib ihnen einen Namen.

b Überlege, welche weiteren Handlungsschritte du einfügen könntest.

c Entscheide, aus welcher Erzählperspektive du die Geschichte aufschreiben möchtest.

3

Einen Entwurf schreiben

a Schreibe einen Entwurf der Geschichte in dein Heft. Lass einen breiten Rand zum Überarbeiten.

Einen Entwurf überarbeiten

b Überarbeite deinen Entwurf. Denke auch an eine spannende Einleitung und einen geeigneten Schluss.

c Schreibe die Endfassung in dein Heft.

Eine Fantasiegeschichte schreiben

!

In einer **Fantasiegeschichte** sind alle Ereignisse, Personen, Handlungen und Umstände erfunden. Zur Ideensammlung kann man einen **Cluster** oder einen **Erzählplan** nutzen. Verschiedene **Gestaltungsmittel** machen die Geschichte interessant und wirkungsvoll, z.B. anschaulich beschriebene Figuren, Gedanken und Gefühle, wörtliche Rede, treffende Vergleiche.

1 Schreibe eine Geschichte über die Erlebnisse des Koffers.

Die Geschichte planen

a Entwirf einen Erzählplan für deine Geschichte.

Einleitung: Ort und Zeit: ______________________

____

Gegenstände, Personen: ______________________

____

Hauptteil: Handlung: 1. ______________________

____

____

____

____

Schluss: ______________________

____

Textteile entwerfen

b Denke dir eine Einleitung aus, mit der du die Situation im ersten Bild erklärst.

____

____

c Überlege, welche Gedanken und Gefühle der Koffer haben könnte. Schreibe sie als wörtliche Rede auf. Verwende im Begleitsatz treffende Verben aus der Wortliste.

WORTLISTE
seufzen – poltern – knarren – murmeln – fragen – schimpfen

„Ach, jetzt warte ich schon so lange", seufzte der Koffer.

____

____

____

____

____

____

____

Einen Entwurf schreiben

d Schreibe einen Entwurf der Geschichte in dein Heft. Nutze dazu deine Ergebnisse aus den Aufgaben a bis c.

e Denke dir eine interessante Überschrift aus, die nicht alles verrät, und schreibe sie über den Text.

2 Überarbeite deinen Entwurf mithilfe der folgenden Checkliste.

Überarbeiten

- *Schreibaufgabe beachtet?* ☐
- *Personen, Orte genau beschrieben?* ☐
- *Anschauliche Adjektive und Verben verwendet?* ☐
- *Abwechslungsreiche Satzanfänge gestaltet?* ☐
- *Wörtliche Rede eingebaut?* ☐
- *Einleitung und Schluss gelungen?* ☐
- *Interessante Überschrift gefunden?* ☐
- *Rechtschreibung geprüft?* ☐

Beschreiben

Eine Person beschreiben

!

Bei einer **Personenbeschreibung** beschreibt man die äußeren Merkmale eines Menschen. Umfang und Inhalt einer Personenbeschreibung hängen vom Zweck und vom Adressaten der Beschreibung ab. Folgende Angaben sollten enthalten sein:

- **Gesamterscheinung**: Geschlecht, Alter, Größe, Figur,
- **Einzelheiten**: Gesicht, Augen, Nase, Mund, Haare, Arme, Beine, Kleidung, Schmuck,
- **besondere Merkmale**: Narben, Leberfleck, Gang, ...

Die Sprache der Personenbeschreibung ist sachlich und genau, niemand wird lächerlich gemacht oder beleidigt.

1 In seinem Roman „Alter John" beschreibt Peter Härtling den Großvater.

a Lies den folgenden Textauszug.

Alter John besuchte sie zum ersten Mal. Er reiste nicht gerne. Von Schleswig, wo er lebte, nach Stuttgart war es eine anstrengende Reise. Mutter, Laura und Jakob hatten ihn vom Bahnhof abgeholt. Sie erkannten ihn sofort, als er aus dem Wagen stieg. Er war lang, dünn, hatte einen schmalen, beinahe ausgemergelten Kopf und an seinem Kinn hing ein ausgefranster Spitzbart. Es sah komisch aus, als Mutter ihn umarmte. So, als ob sie einen Laternenpfahl umklammerte. [...]
Auf dem Kopf trug er eine karierte Schirmmütze. [...] Alter John ging auf Mutter zu. Bei jedem Schritt knickte er ein bisschen ein, als hätte er schlecht geölte Scharniere in den Knien.

b Suche aus dem Text die Beschreibungen von Alter John heraus und trage sie in die Tabelle ein.

Merkmal	Beschreibung
Gesamterscheinung (Geschlecht, Alter, Größe, Figur)	______
Einzelheiten (Kopf, Arme, Beine, Kleidung, Schmuck usw.)	______ ______ ______
besondere Merkmale	______

2 Bei einer Personenbeschreibung kommt es besonders auf treffende Adjektive an. Sammle weitere Adjektive und ergänze die Tabelle.

Figur: dick, ____________________

Gesicht: kantig, ____________________

Augen: blaugrau, ____________________

Mund: schmal, ____________________

3 Beschreibe auffällige äußere Merkmale der abgebildeten Personen.

1. eine ältere Frau mit einer großen Nase und ____________________

____

____

2. ____________________

____

____

●●● **4** Stelle dir vor, eine der abgebildeten Personen ist die Hauptfigur in deiner Fantasiegeschichte. Gib ihr einen Namen und beschreibe ihr Aussehen so, dass die Leser sie sich gut vorstellen können.

Die Beschreibung planen

a Fertige zuerst einen Steckbrief an.

Geschlecht: ______	Nase: ______
Alter: ______	Mund: ______
Größe: ______	Haare: ______
Figur: ______	Kleidung: ______
Gesicht: ______	besondere Merkmale: ______
Augen: ______	______

Den Entwurf schreiben und überarbeiten

b Formuliere deine Personenbeschreibung und schreibe sie in dein Heft. Überarbeite den Entwurf und schreibe eine Endfassung.

Eine Pflanze beschreiben

!

Die **Beschreibung einer Pflanze** sollte anschaulich und genau sein, damit man die Pflanze wiedererkennen und von anderen unterscheiden kann. Folgende Angaben sollten enthalten sein:
- **Vorkommen**, z. B.: *blüht von April bis Mai auf trockenen Wiesen,*
- **Bestandteile**, z. B.: *Blüte, Früchte, Blätter, Sprossachse,*
- **Verwendung** bzw. **Essbarkeit** der einzelnen Bestandteile.

Man sollte **Fachwörter** verwenden und einfache, übersichtliche Sätze schreiben.

1

a Lies die folgende Pflanzenbeschreibung aus einem Biologielehrbuch.

Von März bis April blüht der 7 cm bis 20 cm hohe Huflattich. Seine gelben Blütenstände leuchten auf Schuttflächen, an Wegen und Ackerrändern mit lehmigen Böden. Die rundlichen oder herzförmigen grünen Blätter sind auf der Unterseite von feinen weißen Haaren wie mit einem Filz bedeckt. Sie entfalten sich erst, wenn die Pflanze schon verblüht ist.
Der Huflattich ist eine Heilpflanze. Blüten und Blätter werden für die Herstellung von Hustentee verwendet.

b Ordne die beschreibenden Textteile richtig zu.

Vorkommen: ______________________________

____

Blüten: ______________________________

____

Blätter: ______________________________

____

Verwendung: ______________________________

2 Verbinde die Abbildungen mit dem passenden Wort durch eine Linie.

eiförmig – gefiedert – herzförmig – gelappt – glatt – gesägt – gebuchtet

Blatt-form

Blatt-rand

3 Für ein Biologieprojekt „Einheimische Heilpflanzen" sollst du die Echte Kamille beschreiben.

Die Beschreibung planen

a Sieh dir die Abbildung genau an und notiere dir Stichpunkte. Nutze die Wortliste.

WORTLISTE
gefiedert – verzweigt – Zungenblüten – Röhrenblüten – weiß – gelb – 15 bis 50 cm

Blüten: ______

______

Blätter: ______

Sprossachse: ______

Größe: ______

b Ergänze die Stichpunkte. Schlage dazu in einem Pflanzenbuch oder Lexikon nach bzw. suche im Internet.

Vorkommen: ______

Blütezeit: ______

Verwendung: ______

Einen Entwurf schreiben

c Formuliere die Beschreibung in ganzen Sätzen.

Die Echte Kamille ist ein Korbblütengewächs. Sie ______

______

______

______

______

______

______

______

______

Den Entwurf überarbeiten

d Überarbeite deinen Entwurf und schreibe die Endfassung in dein Heft. Achte besonders auf eine sinnvolle Anordnung der Merkmale und auf die genaue Wortwahl.

Einen Vorgang beschreiben

!

Vorgangsbeschreibungen sind oft Anleitungen zum Handeln. Sie beginnen mit einer Materialliste, danach folgt die Handlungsanleitung. Die Vorgangsbeschreibung muss nachvollziehbar sein, das heißt, die **Teilhandlungen** müssen in der **richtigen Reihenfolge** und möglichst genau benannt werden. Dazu verwendet man **Fachausdrücke** und **passende Verben**. Die Vorgangsbeschreibung kann auf unterschiedliche Weise formuliert sein, z. B.:

- **persönlich:** *Lege das Ei hinein. Dann gibst du feines Salz in das Wasser.*
- **unpersönlich:** *Man nimmt das Ei aus dem Wasser.* (*man*-Form)
  Das Glas wird mit Wasser gefüllt. (Verbform im Passiv)

1 Im Physikunterricht soll Paul seinen Mitschülern ein Experiment vorführen. Auf dem Arbeitsblatt ist jedoch die Reihenfolge der Handlungsschritte durcheinandergeraten.

Textteile planen und gestalten

a Ordne den Text in der richtigen Reihenfolge und trage die Nummern in die Kästchen ein.

Der Salzlakeneffekt

☐ Nimm das Ei aus dem Wasser, gib zehn Teelöffel feines Salz in das Glas und rühre um, bis es sich aufgelöst hat: Nun hast du Salzlake.

☐ Lege das Ei wieder hinein. Das Ei schwimmt in der Mitte des Glases.

[1] Gieße das Glas halbvoll mit Wasser und lege mithilfe des Esslöffels vorsichtig das Ei hinein. Das Ei bleibt auf dem Boden des Glases liegen.

☐ Lege das Ei nun wieder hinein. Das Ei schwimmt.

☐ Nimm das Ei aus dem Wasser und gieße langsam Wasser nach, bis das Glas voll ist.

☐ Was ist passiert? Das Ei hat eine größere Dichte als Wasser, daher sinkt es. Salzwasser ist dagegen dichter als Süßwasser, sodass das Ei darauf schwimmt. Das Süßwasser schwimmt auf dem Salzwasser und demzufolge bleibt das Ei in der Mitte dazwischen.

b Schreibe aus der Vorgangsbeschreibung der Aufgabe a alle Gegenstände und Zutaten für die Materialliste heraus.

___

___

2 Die Sätze der Vorgangsbeschreibung sollten sinnvoll miteinander verknüpft werden. Setze in den Text die passenden Satzanfänge aus der Wortliste ein.

WORTLISTE
danach – nun – daraufhin – im Anschluss daran – zuerst – anschließend – zum Schluss

__________________ wird die Lampe ausgeschaltet. _______________ wird die Sicherung herausgedreht bzw. ausgeschaltet, da sonst die Gefahr eines Stromschlags besteht. _______________ löst man die defekte Energiesparlampe vorsichtig durch Linksdrehung aus der Fassung. _________________ wird die neue Lampe mit einer entsprechenden Rechtsdrehung – nicht zu fest – eingeschraubt. __________________ kann man die Sicherung wieder einsetzen. __________________________ schaltet man das Licht wieder ein, um zu prüfen, ob die neue Energiesparlampe in Ordnung ist. ____________ _____________ wird die alte Lampe umweltverträglich entsorgt.

Einen Entwurf schreiben

3 Formuliere nun die Vorgangsbeschreibung aus Aufgabe 1 a in der unpersönlichen Ausdrucksweise. Benutze die *man*-Form.

TIPP
Achte auf passende Satzanfänge.

____

____

____

____

____

____

____

____

____

____

____

____

____

____

Berichten

! In einem Bericht wird knapp und sachlich über Ereignisse informiert. Die Auswahl der Informationen und die Gestaltung des Berichts hängen davon ab, worüber, wozu und für wen man berichtet.
Meist werden in einem Bericht die wichtigsten ***W*-Fragen** beantwortet:

- **Was** ist geschehen?
- **Wer** war daran beteiligt?
- **Wo** ist es geschehen?
- **Wann** hat es sich ereignet?
- **Wie** ist es abgelaufen?
- **Warum** geschah es?
- **Welche** Folgen hatte es?

In welcher Zeitform man berichtet, hängt vom Inhalt und vom Zweck des Berichts ab. Schriftliche Berichte über vergangene Ereignisse werden meist im Präteritum verfasst.

1

a Lies den folgenden Zeitungsbericht.

Schuhverrückter Fuchs klaut wieder

Föhren/dpa – Der schuhverrückte Fuchs aus Föhren (Rheinland-Pfalz) kann es einfach nicht lassen: Er klaut weiter. Allein oder mit familiärer Unterstützung hat er gerade wieder drei neue Trophäen aus Gärten, Hauseingängen und von Terrassen in den Wald geschleppt: einen Gummistiefel, einen Turnschuh und einen Pumps. Mehr als 200 Schuhe hat der Fuchs mit dem Schuhtick auf seinen nächtlichen Diebestouren mittlerweile gestohlen. Seinen Bau (Foto), an dem im Juni die ersten 120 Schuhe entdeckt wurden, hat der Fuchs inzwischen aufgegeben. Der neue Sammelplatz wurde 150 Meter weiter entdeckt.

b Unterstreiche im Text der Aufgabe a die Antworten auf die *W*-Fragen in den entsprechenden Farben.

Was? Wer? Wo? Wann? Wie? Warum?

c Um den Bericht unterhaltsam und spannend zu gestalten, wurden verschiedene Zeitformen verwendet. Suche je ein Beispiel dafür heraus.

Präsens: ______________________

Perfekt: ______________________

Präteritum: ______________________

TIPP
Nutze den Merkkasten auf S. 18.

d Außerdem wurde in dem Bericht sowohl die persönliche als auch die unpersönliche Ausdrucksweise verwendet. Schreibe je ein Beispiel heraus.

persönliche Ausdrucksweise: ____________________

unpersönliche Ausdrucksweise: ____________________

2 Im Pressebericht der Polizei wird das Geschehen viel knapper dargestellt.

a Unterstreiche die Mittel der unpersönlichen Ausdrucksweise.

Seltsame Schuhdiebstähle aufgeklärt
In Föhren (Rheinland-Pfalz) wurden zahlreiche Schuhdiebstähle aufgeklärt. Man entdeckte mehr als 120 aus Gärten, Hauseingängen und von Terrassen verschwundene Schuhe im Bau eines Fuchses. Weiteres Diebesgut wurde 150 Meter weiter im Wald gefunden. Mehr als 200 gestohlene Schuhe stellte man insgesamt sicher. Der Fuchs wurde allerdings noch nicht gesichtet.

b Bestimme die verwendete Zeitform.

____

3

a Schreibe die folgenden Sätze in der unpersönlichen Ausdrucksweise auf.

1 Die Polizei nahm zahlreiche Anzeigen auf.

____

2 Lange Zeit tappten die Behörden im Dunkeln.

____

3 Den entscheidenden Hinweis lieferte der Revierförster.

____

b Formuliere die Sätze im Präteritum.

1 Erst kürzlich hat der Fuchs drei neue Trophäen verschleppt.

____

2 Schnell hat man sein neues Versteck gefunden.

____

3 Der Förster hat die Polizei auf die richtige Spur gebracht.

____

4 Andrea ist Redakteurin der Schülerzeitung und bekommt die Aufgabe, vom Fußballturnier der 6. Klassen zu berichten.

Den Bericht planen

a Betrachte die Bildfolge genau. Schreibe zuerst die Antworten auf die *W*-Fragen auf.

Was? ______________________________

Wer? ______________________________

Wann? ______________________________

Wo? ______________________________

Wie? ______________________________

Warum? ______________________________

TIPP
Fehlende Informationen kannst du dir ausdenken.

b Notiere Wörter, die eine zeitliche Reihenfolge zum Ausdruck bringen.

zuerst, ______________________________

____

____

____

c Denke dir eine passende Überschrift für den Bericht aus.

____

d Übe sachliches Formulieren. Ersetze in den folgenden Sätzen alle unsachlichen Ausdrücke durch sachliche.

1 Wie die Verrückten rannten die Spieler auf das Tor zu.

2 Andreas diskutierte hektisch mit dem ungerechten Schiedsrichter.

3 Der Ball sauste wie ein geölter Blitz ins Tor.

Einen Entwurf schreiben

e Formuliere einen kurzen Bericht über das Fußballturnier der 6. Klassen für die Schülerzeitung. Nutze deine Stichpunkte aus Aufgabe 4 a.

Den Entwurf überarbeiten

f Nutze die Randspalte für die abschließende Überarbeitung.

Ein Formular ausfüllen

!

Für viele Zwecke gibt es **Formulare**. Vor dem Ausfüllen sollte man ein Formular sorgfältig lesen und dann in gut lesbaren Druckbuchstaben ausfüllen. Oft kann man Abkürzungen verwenden, z. B.:
Straße – Str., Nummer – Nr.

1 Du willst dich in einem Sportverein für deine Lieblingssportart anmelden. Lies das Formular gründlich und fülle es in Druckbuchstaben aus.

Aufnahmeantrag

Hiermit beantrage ich meine Aufnahme/die Aufnahme meines Kindes* als Mitglied beim SV Eintracht Bad Dürrenberg.

Persönliche Angaben:

Vorname: ______________ Familienname: ______________

Geb.-datum: ______________________________

Anschrift: ______________________________

Tel.: ______________ E-Mail: ______________

______________ ______________

Ort, Datum | Unterschrift Antragsteller(in)/ Erziehungsberechtigte(r)

Ich/Mein Kind* möchte an folgenden Angeboten teilnehmen:

____

____

____

☐ Erstmalige Aufnahme ☐ Verlängerte Mitgliedschaft

* Nichtzutreffendes bitte streichen.

Fabeln lesen und verstehen

!

Die **Fabel** (lat. *fabula* – Erzählung) ist ein kurzer erzählender oder gereimter Text. Zu ihren **Merkmalen** zählen:

- Tiere denken, handeln und sprechen wie Menschen,
- den Tieren sind bestimmte menschliche Eigenschaften zugeordnet, z. B.: *starker Wolf, listiger Fuchs,*
- Fabeln enthalten eine Lehre (zentrale Aussage), die aus dem Text erschlossen werden kann oder die sogar genannt wird.

1 Ein bekannter französischer Fabeldichter des 17. Jahrhunderts war Jean de La Fontaine.

a Lies die folgende Fabel dieses Dichters.

Der Rabe und der Fuchs

Im Schnabel einen Käse haltend, hockt
Auf einem Baumast Meister Rabe.
Von dieses Käses Duft herbeigelockt,
Spricht Meister Fuchs, der schlaue Knabe:
„Ah, Herr von Rabe, guten Tag!
Wie nett Ihr seid und von wie feinem Schlag!
Entspricht dem glänzenden Gefieder
Nun auch der Wohlklang Eurer Lieder,
Dann seid der Phönix[1] Ihr in diesem Waldrevier."
Dem Raben hüpft das Herz vor Lust. Der Stimme Zier
Zu künden, tut mit stolzem Sinn
Er weit den Schnabel auf; da – fällt der Käse hin.
Der Fuchs nimmt ihn und spricht:
„Mein Freundchen, denkt an mich!
Ein jeder Schmeichler mästet sich
Vom Fette des, der willig auf ihn hört.
Die Lehr ist zweifellos wohl – einen Käse wert!"
Der Rabe, scham- und reuevoll,
Schwört – etwas spät –, dass niemand ihn mehr fangen soll.

[1] Vogel aus einer altägyptischen Sage, der sich im Feuer verjüngt

b Formuliere in einem Satz, was der Rabe gelernt hat.

____

____

____

____

2 Den beiden Tieren werden Wesenseigenschaften von Menschen zugeschrieben.

a Suche die entsprechenden Textstellen und markiere sie.

b Notiere, welche menschlichen Eigenschaften in den markierten Textstellen beschrieben werden.

Rabe: ______________________________

____

Fuchs: ______________________________

____

Eine Fabel nacherzählen

TIPP
Lass bei Stichpunkten das Subjekt weg oder verwende das Verb im Infinitiv.

3

a Lies die Fabel noch einmal. Notiere den Inhalt in Stichpunkten.

____

____

____

____

____

____

____

____

b Erzähle die Fabel mithilfe der Stichpunkte mündlich nach.

●●● **4** Begründe, warum der Text eine Fabel ist. Nutze den Merkkasten auf S. 25.

____

____

____

____

Mit Gedichten umgehen

Gedichte untersuchen: den Aufbau erkennen

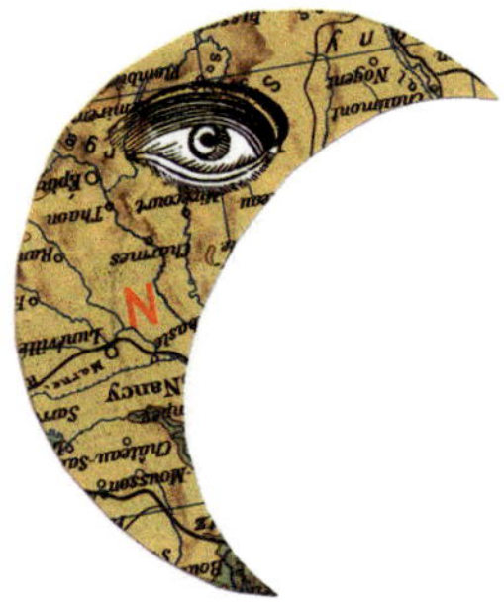

1 Lies das Gedicht. Wie viele Verse gehören zu jeder Strophe?

Zu jeder Strophe gehören ____ Verse.

TIPP
Gedichte sind oft in Strophen unterteilt, die durch einen sichtbaren Abstand voneinander getrennt sind. Jede Strophe besteht aus Versen (= Zeilen).

Roswitha Fröhlich
Der Zauberstein

Ich ging allein
im Mondenschein,
da hab ich ihn entdeckt,
den Stein, den Stein,
den Zauberstein,
der Tote auferweckt.

Ich hob ihn auf	☐	weit in den dunklen Wald.
____	☐	der Zauberstein,
____	☑ 1	Ich hob ihn auf
____	☐	Wie war der Stein,
____	☐	in meiner Hand so kalt.
____	☐	und trug ihn fort

Im Morgenlicht,
als Mond und Nacht
zur Ruhe sich begaben,
hab ich den Stein,
den Zauberstein,
tief unterm Moos vergraben.

Und eines Tags,	☐	der Tote auferweckt.
____	☐	vielleicht, vielleicht,
____	☐	dass einer ihn entdeckt,
____	☑ 1	Und eines Tags,
____	☐	den Zauberstein,
____	☐	den Stein, den Stein,

TIPP
Markiere in der ersten und dritten Strophe die Wörter, die sich reimen.

2 Schreibe die zweite und vierte Strophe geordnet auf.

Gedichte untersuchen: die Reimform erkennen

WORTLISTE
wacht
zerstreut
aufgereiht
an
Schnur

Matthias Claudius
Die Sternseherin Lise

Ich sehe oft um Mitternacht, a
Wenn ich mein Werk getan ___
Und niemand mehr im Hause wacht, a
Die Stern' am Himmel ________. ___

Sie gehn da, hin und her ____________ ___
Als Lämmer auf der Flur; ___
In Rudeln auch, und ____________ ___
Wie Perlen an der ____________; ___

____________ ☐ Und kann mich satt nicht sehn ...
____________ ☐ Und funkeln alle weit und breit,
____________ ☐ Und funkeln rein und schön;
____________ ☐ Ich seh die große Herrlichkeit,

1. Untersuche, wie das Gedicht aufgebaut ist. Ergänze die Angaben.
   Anzahl der Strophen: ___
   Anzahl der Verse in jeder Strophe: ___

2. Ergänze in den ersten beiden Strophen die fehlenden Reimwörter. Nutze die Wörter aus der Wortliste.

3. Welche Reimform hat das Gedicht? Kreuze an.
   ☐ Kreuzreim (abab) ☐ umarmender Reim (abba) ☐ Paarreim (aabb)

4. Ordne die Verse der dritten Strophe. Orientiere dich dabei an der Reimform der ersten beiden Strophen. Schreibe die dritte Strophe geordnet auf. Vergleicht eure Lösungen.

Gedichte untersuchen: das Thema bestimmen

1 Lies die drei Gedichte. Ordne den Gedichten die passende Überschrift zu.

Mitten in der Nacht Der Vogel Angst Ein Traum

Franz Hohler

Der Vogel Angst
hat sich ein Nest gebaut
in meinem Innern

und sitzt nun manchmal da
und manchmal
ist er lange weg

oft kommt er nur
für einen Augenblick
und fliegt gleich wieder weiter

dann aber gibt es Zeiten
da hockt er tagelang
da drin mit seinem Schnabel
und rührt sich nicht
und brütet
seine Eier aus.

Paul Maar

Keine Ahnung, wo ich bin.
Nichts als Dunkel um mich her!
Wie im Bauch von einem Fisch
meilentief im schwarzen Meer.

Lebt noch jemand außer mir?
Oder bin ich ganz allein?
Diese Stille, dieses Dunkel!
Gleich beginne ich zu schrein.

Da entdeck ich in der Schwärze
einen schmalen Strich aus Licht.
Das ist meine Zimmertüre!
Also gut, ich schreie nicht.

Viola Richter

„Vater!", schreit das Kind in der Nacht,
„ich hatte einen schlimmen Traum.
Eine Hexe hat ganz schrecklich gelacht
und überall sind Gespenster im Raum!"

„Ja", sagt der Vater, „Donner und Regen
toben draußen und Blitz und Wind.
Ich will mich ein Weilchen zu dir legen."
„Schön warm bist du", flüstert das Kind.

2 Worum geht es in den Texten? Kreuze Zutreffendes an.

Thema	Der Vogel Angst	Mitten in der Nacht	Ein Traum
Tiere in der Nacht			
Angst			
Nacht und Dunkelheit			
Sonnenaufgang			
Träume			
Hexen und Gespenster			

3 Welche Wörter und Wendungen passen zum Gefühl der Angst? Markiere sie in jedem Gedicht.

●●● **4** Ist es dir schon einmal ähnlich wie in einem der Gedichte ergangen? Notiere deine Gedanken dazu.

Meine Gedanken zum Gedicht

Gedichte vergleichen

! Um **Gedichte** miteinander zu **vergleichen**, untersucht man sie genau und findet Gemeinsamkeiten und Unterschiede heraus. Im Einzelnen betrachtet man z. B. Dichter, Thema, Grundstimmung, Strophen, Verse, Reimschema, sprachliche Bilder, sprachliche Besonderheiten.

1

a Lies das folgende Gedicht von Ludwig Uhland (1787–1862).

Frühlingsglaube

Die linden Lüfte sind erwacht,
Sie säuseln und weben Tag und Nacht,
Sie schaffen an allen Enden.
O frischer Duft, o neuer Klang!
Nun, armes Herze, sei nicht bang!
Nun muss sich alles, alles wenden.

Die Welt wird schöner mit jedem Tag,
Man weiß nicht, was noch werden mag,
Das Blühen will nicht enden.
Es blüht das fernste, tiefste Tal:
Nun, armes Herz, vergiss der Qual!
Nun muss sich alles, alles wenden.

b Lies das folgende Gedicht von Eduard Mörike (1804–1875).

Er ist's

Frühling lässt sein blaues Band
Wieder flattern durch die Lüfte;
Süße, wohlbekannte Düfte
Streifen ahnungsvoll das Land.
Veilchen träumen schon,
Wollen balde kommen.
– Horch, von fern ein leiser Harfenton!
Frühling, ja du bist's!
Dich hab ich vernommen!

c Untersuche die Gedichte und ergänze die Tabelle auf dieser und der nächsten Seite.

	Frühlingsglaube	Er ist's
Dichter	Ludwig Uhland	
Thema		

	Frühlingsglaube	Er ist's
Stimmung		
Strophen Verse Reim- schema		
sprachliche Bilder		
sprachliche Besonder- heiten		

d Suche in der Tabelle Gemeinsamkeiten und Unterschiede und markiere sie verschiedenfarbig.

e Fasse die Ergebnisse deines Vergleichs in wenigen Sätzen zusammen.

Schelmengeschichten lesen und verstehen

1 Lies die folgende Geschichte.

Der hochgelehrte Kuin

1 Titel für einen Hochgelehrten

Tschang[1] Kuin ist ein bekannter Schelm aus Vietnam. Er lebte in der Mitte des 18. Jahrhunderts und war bekannt für seine Gelehrsamkeit. In den Geschichten über ihn wird erzählt, wie er mit Verstand und List Herrscher und Fürsten, aber auch Prahler und Kaufleute lächerlich machte.

Wie Kuin mit dem chinesischen Gesandten im Zeichnen wetteiferte

2 prahlen

Der chinesische Gesandte konnte sehr kunstreich zeichnen. Einmal brüstete[2] er sich vor dem Tschang: „Möge man dreimal die Trommel schlagen. Bevor noch der letzte Schlag verhallt sein wird, werde ich irgendein Tier gezeichnet haben!“

Kuin verzog verächtlich das Gesicht und sprach: „Möge man nur ein einziges Mal die Trommel schlagen. Noch bevor sie verklungen ist, habe ich zehn Tiere gezeichnet! Ist das nicht eine beachtliche Leistung? Aber während dreier Trommelschläge nur ein einziges Tier zeichnen zu können ist in meinen Augen keine Kunst.“

Der chinesische Gesandte ärgerte sich über diese Worte. In seinem Eifer schlug er dem Tschang Kuin vor, einen Wettstreit zu veranstalten. Kuin erklärte sich einverstanden.

Der Tag des Wettstreits rückte heran. Sobald der erste Trommelschlag ertönte, ergriff der chinesische Gesandte den Pinsel und machte sich voll Eifer ans Zeichnen. Kuin jedoch blieb ruhig sitzen, ohne einen Finger zu rühren, und ruhte sich aus. Der zweite Trommelschlag ertönte, ohne dass Kuin auch nur ans Zeichnen dachte. Als die Trommel das dritte Mal ertönte, tauchte Kuin alle zehn Finger in die Tusche und fuhr mit ihnen über das Papier. Es entstanden zehn unregelmäßige Striche.

„So, hier habe ich zehn Regenwürmer gezeichnet“, sagte er und gab seine Zeichnung ab.

Der chinesische Gesandte aber saß immer noch da und zeichnete an seinem Vögelchen.

2

a Unterstreiche Informationen über Kuins Verhalten farbig.

b Unterstreiche in einer anderen Farbe Informationen über das Verhalten des Gesandten.

3

TIPP
Lies dazu auch den schräg gedruckten Vorspann.

a Schreibe auf, aus welchen Ländern Kuin und der Gesandte stammen.

Kuin: ______________________________

der Gesandte: ______________________________

TIPP
Zur Wortfamilie von „Gesandter" gehören auch die Wörter „senden", „versenden" und „Versand".

b Erkläre das Wort „Gesandter" mit eigenen Worten.

____

____

c Schreibe nun in einem Satz auf, wo die Geschichte vermutlich spielt.

____

____

4 Ergänze die folgenden Sätze.

Der Gesandte behauptet, dass er ____

____

____

Kuin erwidert, dass er ____

____

____

Um zu einer Entscheidung zu kommen, beschließen die beiden ______________

____

5 Kreuze jeweils die richtige Antwort an.

Kuin spricht zu dem Gesandten so verächtlich, weil

- ☐ der Gesandte ein guter Zeichner ist.
- ☐ Kuin besser zeichnen kann.
- ☐ der Gesandte ein Angeber und Prahlhans ist.

Der Gesandte schlägt Kuin einen Zeichenwettbewerb vor, weil

- ☐ er sich beliebt machen will.
- ☐ er sich über Kuin ärgert.
- ☐ er Geld verdienen will.

Kuin rührt während des Wettbewerbs keinen Finger, weil

- ☐ er den Gesandten gewinnen lassen will.
- ☐ er sich einen Trick überlegt hat.
- ☐ er keine Lust zum Zeichnen hat.

6 Vergleiche das Verhalten Kuins und des Gesandten während des Zeichenwettbewerbs. Schreibe kurze Sätze.

	Kuin	**der Gesandte**
Wie verhält er sich nach dem ersten Trommelschlag?		
Wie verhält er sich nach dem zweiten Trommelschlag?		Der chinesische Gesandte verhält sich wie nach dem ersten Trommelschlag.
Wie verhält er sich nach dem dritten Tommelschlag?		Der chinesische Gesandte verhält sich wie nach dem ersten Trommelschlag.
Zu welchem Ergebnis kommt er?		

●●● **7** Der Gesandte verliert den Zeichenwettbewerb. Schreibe auf, was er dazu denken könnte.

●●● **8** Schreibe auf, welche Lehre Kuin dem Gesandten erteilen will.

Sagen lesen und verstehen

1 Lies die folgende Sage.

Der Rattenfänger zu Hameln

Im Jahr 1284 ließ sich zu Hameln ein wunderlicher Mann sehen. Er hatte einen Rock von vielfarbigem buntem Tuch an, weshalben er Bundting soll geheißen haben, und gab sich für einen Rattenfänger aus, indem er versprach, gegen ein gewisses Geld die Stadt von allen Mäusen und Ratten zu befreien.

Die Bürger wurden mit ihm einig und versicherten ihm einen bestimmten Lohn. Der Rattenfänger zog demnach ein Pfeifchen heraus und pfiff, da kamen alsobald die Ratten und Mäuse aus allen Häusern hervorgekrochen und sammelten sich um ihn herum. Als er nun meinte, es wäre keine zurück, ging er hinaus und der ganze Haufen folgte ihm, und so führte er sie an die Weser; dort schürzte er seine Kleider und trat in das Wasser, worauf ihm alle die Tiere folgten und hineinstürzend ertranken.

Nachdem die Bürger aber von ihrer Plage befreit waren, reute sie der versprochene Lohn und sie verweigerten ihn dem Manne unter allerlei Ausflüchten, sodass er zornig und erbittert wegging. Am 26. Juni auf Johannis-und-Pauli-Tag, morgens früh sieben Uhr, nach andern zu Mittag, erschien er wieder, jetzt in Gestalt eines Jägers, erschrecklichen Angesichts, mit einem roten, wunderlichen Hut, und ließ seine Pfeife in den Gassen hören.

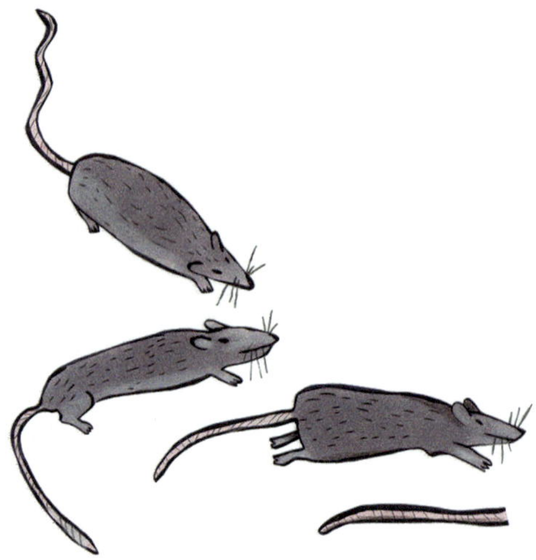

Alsbald kamen diesmal nicht Ratten und Mäuse, sondern Kinder, Knaben und Mägdlein vom vierten Jahr an, in großer Anzahl gelaufen, worunter auch die schon erwachsene Tochter des Bürgermeisters war. Der ganze Schwarm folgte ihm nach und er führte sie hinaus in einen Berg, wo er mit ihnen verschwand. Dies hatte ein Kindermädchen gesehen, welches mit einem Kind auf dem Arm von fern nachgezogen war, danach umkehrte und das Gerücht in die Stadt brachte. Die Eltern liefen haufenweise vor alle Tore und suchten mit betrübtem Herzen ihre Kinder; die Mütter erhoben ein jämmerliches Schreien und Weinen. Von Stund an wurden Boten zu Wasser und Land an alle Orte herumgeschickt zu erkundigen, ob man die Kinder oder auch nur etliche gesehen, aber alles vergeblich. Es waren im Ganzen hundertunddreißig verloren. Zwei sollen, wie einige sagen, sich verspätet haben und zurückgekommen sein, wovon aber das eine blind, das andere stumm gewesen, also dass das blinde den Ort nicht hat zeigen können, aber wohl erzählen, wie sie dem Spielmann gefolgt wären, das stumme aber den Ort gewiesen, ob es gleich nichts gehört. Ein Knäblein war im Hemd dem

Unglück entgangen; denn als es zurückkam, waren die andern schon in der Grube eines Hügels verschwunden.

Die Straße, wodurch die Kinder zum Tor hinausgegangen, hieß noch in der Mitte des 18. Jahrhunderts die bunge-lose (trommel-, tonlose, stille), weil kein Tanz darin geschehen noch Saitenspiel durfte gerührt werden. Ja, wenn eine Braut mit Musik zur Kirche gebracht ward, mussten die Spielleute über die Gasse hin stillschweigen.

Der Berg bei Hameln, wo die Kinder verschwanden, heißt der Poppenberg, wo links und rechts zwei Steine in Kreuzform sind aufgerichtet worden. Einige sagen, die Kinder wären in eine Höhle geführt worden und in Siebenbürgen wieder herausgekommen.

TIPP
Wann?
Wo?
Was?
Warum?
Wie?

2 Stelle *W*-Fragen an den Text und beantworte sie. Arbeite in deinem Heft.

3 Gliedere den Text in zwei Sinnabschnitte und gib jedem Abschnitt eine passende Überschrift.

Abschnitt 1 (Zeile –): ____________________

Abschnitt 2 (Zeile –): ____________________

4 Wie findest du das Verhalten des Rattenfängers? Ist er für dich ein Held? Beantworte die Fragen und begründe deine Meinung. Schreibe in dein Heft.

5 Überprüfe, welche Merkmale einer Sage auf diesen Text zutreffen. Kreuze an.

Merkmale	stimmt	stimmt nicht
Die Sage spielt an einem historischen Ort.		
Der Zeitpunkt des Geschehens ist bekannt.		
Die Sage hat einen wahren Kern.		
Der Verfasser der Sage ist bekannt.		

6 Ergänze den folgenden Satz.

Es handelt sich beim „Rattenfänger von Hameln" um eine Sage, weil

____

____

____

Den wahren Kern einer Sage erforschen

1 Lies den Text über Hameln sorgfältig.

Geschichtliche Ereignisse hinter einer Sage

Bereits seit Jahrhunderten rätseln Wissenschaftler über den wahren Hintergrund, welcher der Sage zugrunde liegt. Hameln war damals eine reiche Mühlenstadt, und so ist es nicht verwunderlich, dass es in der Stadt viele Ratten und Mäuse gab. So gab es auch viele Geschichten, die sich die Menschen über das Bekämpfen dieser Plage erzählten. Zur gleichen Zeit wurden auch wundersame Erzählungen über verschwundene Kinder von Mund zu Mund weitergegeben. So entstanden zwei unterschiedliche Sagen, die wahrscheinlich erst im 16. Jahrhundert miteinander verwoben wurden: die Rattenfängersage und die Sage von den vertriebenen Kindern. Für den Fortzug der jungen Einwohner der Stadt gibt es verschiedene Vermutungen. Einige Menschen denken, dass die Kinder 1212 am Kinderkreuzzug teilnahmen oder dass sie vielleicht von der Pest dahingerafft wurden. Am wahrscheinlichsten ist aber anzunehmen, dass die jungen Bürger von adligen Herren zur Siedlung im Osten angeworben wurden. Sicher wollten sie sich dort ein besseres Leben aufbauen. Viele Orte in Hameln erinnern noch heute an die Geschehnisse von damals. So wird die Straße, auf der die Kinder aus Hameln zogen, noch heute Bungelosenstraße genannt, was so viel wie trommellose Straße heißt. In Erinnerung an die verschwundenen Kinder darf kein „Tanz darin geschehen noch Saitenspiel" aufgeführt werden.

2 Markiere im Text Wörter, die dir unbekannt sind. Kläre die Bedeutung.

Den Text gründlich lesen

3 Beantworte die folgenden Fragen. Kreuze die richtigen Antworten an.

Wie wird die Straße, auf der die Kinder aus der Stadt zogen, heute noch genannt?

☐ Bungalowstraße ☐ Bungelosenstraße ☐ Bundfaltenstraße

Was ist als Erinnerung an die Kinder auf der Straße nicht erlaubt?

☐ Witze erzählen ☐ Fangen spielen ☐ Tanz und Saitenspiel

Wann wurden zwei Sagen zu der uns heute bekannten verbunden?

☐ im 16. Jahrhundert ☐ im 11. Jahrhundert ☐ im 12. Jahrhundert

Konnte genau geklärt werden, welches geschichtliche Ereignis der Sage zu Grunde liegt?

☐ ja ☐ nein ☐ vielleicht

4 Es gibt im Text drei Erklärungen für das Verschwinden der Kinder. Markiere sie.

Einen Steckbrief für einen Helden erarbeiten

1 Lies die folgenden Texte.

Robin Hood stiehlt von den Reichen und gibt den Armen. Er ist der König der Diebe. Mit seinen Gefährten kämpft er unerschrocken gegen das Unrecht und stellt sich auf die Seite der Hilflosen und Unterdrückten. Mit seinen Gesellen soll er im Sherwood Forest gelebt haben. Sein ärgster Feind ist der Sheriff von Nottingham. Treu ergeben ist er seinem König Richard Löwenherz.

Der Ruf des Waldes

Als Robin sich in den Wäldern niedergelassen hatte, schlossen sich ihm andere Männer an. In jenen unruhigen Zeiten waren viele aus ihren Häusern verjagt oder ungerechterweise eines Verbrechens beschuldigt worden. Andere wiederum wollten Robin im Kampf gegen Grausamkeit und Unrecht beistehen. [...]

Robin war aber gerade erst zwanzig Jahre alt und machte sich Sorgen, dass alle diese Männer – manche alt genug, um sein Vater zu sein – ihm mit solch blindem Vertrauen folgten und vielleicht deshalb sterben mussten. Eines Tages entschloss er sich, im Wald spazieren zu gehen und darüber nachzudenken, was er tun sollte.

Will Scarlet, einer von Robins treuesten Anhängern, bat, ihn begleiten zu dürfen, denn der Sheriff von Nottingham hatte eine Belohnung auf Robin Hoods Kopf ausgesetzt und Will fürchtete, dass man bereits im Wald nach Robin suchte. Doch Robin lehnte ab.

Das Schloss des Nordwindes

Robin errichtete sein Lager auf einer Lichtung in der Nähe eines riesigen Eichenbaumes, wo ein Fluss für frisches Wasser sorgte und es viel Wild zu jagen gab.

Wenn sie abends um das Feuer saßen, beklagte sich mancher bitter über den Sheriff und seine Männer, die so bequem in Nottingham Castle lebten. Robin lachte nur. „Was brauchen wir Schlösser aus Stein?“, fragte er. „Unser Lager ist mir Schloss genug und dieser Eichenbaum kann mein Turm sein. Hier können wir bequem und sicher leben. Wir wissen, wo der Sheriff ist, aber er weiß nicht, wo wir sind.“

Er bat um eine Feder, Tinte und Pergamentpapier und verkündete: „Ich werde dem Sheriff einen Brief schicken, und wenn er den gelesen hat, wird er nie mehr ruhig schlafen können.“

Und dann schrieb er Folgendes:

„Robin, Herr der Wälder, grüßt den Sheriff von Nottingham. Wir befehlen Euch, unter Androhung der Todesstrafe, Eure grausamen Gepflogenheiten einzustellen. Habt Mitleid mit den Armen und zeigt Gnade gegenüber jenen, die stehlen müssen, um ihre Familien zu ernähren. Tut Ihr das nicht, werden wir Euch Tag und Nacht jagen. Das schwöre ich bei Gott und seiner gesegneten Mutter und im Namen von König Richard. Geschrieben in unserem Schloss des Nordwindes, im schönen Monat Mai.“

2 Unterstreiche in den Texten farbig, gegen welche Ungerechtigkeiten Robin Hood kämpft.

3 Unterstreiche in den Texten mit einer zweiten Farbe, welche Forderungen Robin Hood an den Sheriff stellt.

4 Markiere die Eigenschaften, die du auf Robin Hood übertragen kannst.

launisch – mutig – schwach – tapfer – weich – hilfsbereit – dumm – ängstlich – stur – neugierig – unerschrocken – prahlerisch – geschickt – ehrenhaft – herzlich – herzlos – höflich – tollkühn – brav – starrsinnig

5 Ergänze den Steckbrief zu Robin Hood. Nutze dafür die Texte und deine Ergebnisse aus den Aufgaben 2 bis 4.

Steckbrief: Robin Hood

Wie alt ist er? ____________________

Wo lebt er? ____________________

Wie heißt sein Feind? ____________________

Welche Charaktereigenschaften hat er? ____________________

____

Welche Aufgabe will er erfüllen? ____________________

____

____

Warum vollbringt er seine Taten? ____________________

____

____

●●● 6 Warum wird Robin Hood deiner Meinung nach als Held bezeichnet? Begründe deine Meinung in deinem Heft.

Ein Hörspielmanuskript erstellen

Einen Text verstehen und die wörtliche Rede untersuchen

1 Lies den Text.

Ben ist ein Computerfreak und will in seinem Lieblingsspiel endlich den 4. Level schaffen. Aber etwas geht schief. Ein Fehler im System lässt alle Erwachsenen verschwinden. Nun sind die Kinder auf sich allein gestellt …

Andreas Schlüter
Was jetzt?

„Ja“, bestätigte Ben resigniert[1]. „Was habe ich gesagt: Alle Erwachsenen sind verschwunden.“
Frank fasste sich mit beiden Händen an den Kopf und stöhnte laut auf: „Das ist doch Wahnsinn! Das glaubt einem doch kein Mensch.“
„Macht nichts“, bemerkte Miriam trocken. „Du wirst es auch keinem erzählen müssen; die Kinder werden es alle selbst merken und die Erwachsenen sind sowieso weg.“
„Stimmt!“, rief Ben. „Und genau so sollten wir uns auch verhalten: Ich meine, es erst mal niemandem sagen; wenigstens so lange, wie wir selbst nicht genau wissen, wie das alles gekommen ist, und vor allem, wie man das Problem lösen kann.“
„Ja, genau so machen wir’s!“, stimmte Frank seinem Freund zu. „Wir schwören uns Verschwiegenheit. Alle weiteren Schritte besprechen wir erst gemeinsam, bevor wir irgendwelchen anderen davon berichten.“

„Am besten, wir gründen einen Geheimbund“, sagte Miriam schnippisch. „Dann sticken wir uns Abzeichen und wählen dich zum Präsidenten. Ihr Jungs seid doch manchmal komisch. Ich jedenfalls mache erst mal gar nichts. Vielleicht ist morgen früh schon alles wieder in Ordnung. So lange denke ich einfach an was anderes.“
Dieser Vorschlag gefiel auch Jennifer. „Lasst uns erst mal zurück zu mir nach Hause gehen“, schlug sie vor. „Ich weiß nicht, was heute Nacht noch passiert.

1 mutlos

Ich weiß nur, ich will auf keinen Fall alleine sein."

Damit sprach sie allen anderen aus dem Herzen. Gemeinsam gingen sie zu Jennifer.

Im Wohnzimmer von Jennifers Eltern stellte Miriam sofort den Fernseher an. Aber der Bildschirm blieb schwarz.

„Sehr klug", bemerkte Ben spitz. „Was meinst du denn, wer gerade für die Ausstrahlung der Fernsehsendungen sorgt? Die Heinzelmännchen vielleicht, die immer einspringen, wenn die Erwachsenen fehlen?"

Wütend sprang Miriam herum und wollte gerade auf Ben losgehen. Jennifer kannte diesen zornigen Gesichtsausdruck bei ihrer Freundin. Er war meistens der Beginn von unendlich großem Ärger. Schnell stellte sie sich dem Mädchen in den Weg.

„Habt ihr nichts Besseres zu tun, als euch jetzt zu streiten? Ich finde beide Vorschläge ganz gut."

„Beide Vorschläge?", fragte Frank.

„Ja", antwortete Jennifer. „Wir reden erst mal mit niemandem über Bens Computerspiel, bis wir selbst Genaueres wissen, und sprechen alle weiteren Schritte miteinander ab. Aber als Erstes warten wir mal bis morgen früh und sehen dann, was eigentlich los ist in der Stadt."

„Und morgen gehen wir als Erstes in die Schule", schlug Miriam vor.

Ben blickte Miriam verständnislos an.

„Es gibt zwar keinen Unterricht", fuhr sie fort, „aber in der Schule erfährt man immer zuerst, was los ist."

Den Text in Abschnitte gliedern

2 Gliedere den Text in zwei Abschnitte. Gib jedem Abschnitt eine passende Überschrift.

1) Zeile – :

2) Zeile – :

3 Welche Personen spielen in der Erzählung mit? Liste auf.

1) ______ 3) ______

2) ______ 4) ______

4 Lies im Text, was die einzelnen Personen sagen. Markiere die wörtliche Rede mit unterschiedlichen Farben.

5 Notiere alle Wörter, die etwas über die Sprechweise aussagen.

stöhnte, bemerkte trocken

Ein Hörspielmanuskript schreiben

TIPP
Nutze deine Ergebnisse zur Sprechweise aus Aufgabe 5 auf S.42.

1 Schreibe auf der Grundlage des Textes von S.41 und 42 (1. Abschnitt) eine Hörspielszene. Gehe so vor:
- Schreibe die Sprecher auf und das, was sie sagen.
- Notiere in Klammern, wie sie ihren Text sprechen.
- Überlege, wo du Geräusche einbauen kannst.

Textabschnitt 1 (= Hörspielszene 1):

Ben (gibt auf): Ja, was habe ich gesagt: Alle

Frank (laut stöhnend):

Miriam

Geräusche: Zustimmung der anderen

TIPP
Übt das dialogische und szenische Lesen und nehmt eure Szenen als Hörspiel auf.

2 Schreibe nun auch für den zweiten Abschnitt des Textes von S.41 und 42 eine Hörspielszene. Gehe wie in Aufgabe 1 vor. Schreibe in dein Heft.

Sachtexte erschließen

Einem Text Informationen entnehmen

!

Um einen Sachtext richtig und vollständig zu verstehen, kann man die **5-Gang-Lesetechnik** nutzen:
1. den Text überfliegen,
2. Fragen an den Text stellen,
3. den Text gründlich lesen,
4. das Wichtigste zusammenfassen,
5. den Text noch einmal lesen.

Den Text überfliegen

1

a Lies die Überschrift des Textes in Aufgabe b und betrachte das Foto. Leite Vermutungen zum Thema und zum Inhalt des Textes ab.

___

___

b Überfliege den Text und prüfe, ob deine Erwartungen zutreffen.

Weißkopfseeadler – Der Stolze mit dem scharfen Blick

Soweit das Auge reicht, sie sind überall: in Münzen geprägt, auf Banknoten gedruckt oder in Muskelpakete tätowiert. 1782 war er zum Wappenvogel der United States of America gekürt worden. In der Tat ist der Adler mit seinen weißen Kopf- und Schwanzfedern der attraktivste aller Greifvögel der USA. Aufrecht sitzend misst er rund einen Meter, die Spannweite seiner Schwingen erreicht mehr als das Doppelte.

Allerdings: Der Adler landete zwar auf dem Staatswappen, im realen Leben aber kam er auf erbärmliche Weise um. Sehr viele Amerikaner stellten dem Weißkopf nach. Fischer waren neidisch auf seine schuppige Beute. Bauern und Viehzüchter behaupteten, er schlüge Hühner und Puten, Lämmer und Kälber. Manche glaubten sogar noch die alten Märchen, dass Adler sich an Menschenkindern vergreifen.

Also wurden die Vögel in Fallen gefangen, mit vergifteten Ködern umgebracht, vom Himmel oder von ihren Horsten geschossen – mit dem Segen der Behörden. In Alaska wurde sogar ein Kopfgeld auf die Vögel ausgesetzt. Es genügte, die Füße abzugeben, anfangs gab es für das Paar 50 Cent, später zwei Dollar. 128 000 Adler wurden auf diese Weise getötet. Keiner weiß, wie viele tatsächlich umgebracht wurden.

Unter den weltweit 59 Adlerarten ist der Weißkopf der Einzige, der ausschließlich in Nordamerika heimisch ist. Er braucht eine abwechslungsreiche Landschaft, welche die Entstehung thermischer Aufwinde begünstigt. Für den Nestbau benötigt er außerdem hohe Bäume, und zwar in der Nähe von sauberen Gewässern zum Fischen. Allerdings kann sich der Weißkopfseeadler auch problemlos von Aas ernähren.

Für die Aufzucht der Jungen ist es vorteilhaft, wenn die Menschen möglichst wenig stören. Die braun-weiß gesprenkelten Jungen werden nach etwa zwölf Wochen flügge und fangen an, ihre eigenen Wege zu fliegen. Im vierten oder fünften Jahr entwickeln sich weiße Kopf- und Schwanzfedern. Gelbe Schnäbel und Augen signalisieren Geschlechtsreife. Paare finden sich fürs Leben. Sie bauen ein Nest, das sie jeden Frühling wieder benutzen, bis dass der Tod sie im Alter von etwa dreißig Jahren scheidet – es sei denn, der Mensch greift vorher gewaltsam ein.

1978 wurde der Weißkopfseeadler erstmals konsequent gesetzlich geschützt. Er kam auf die Liste der „vom Aussterben bedrohten Tiere“. Heute ist der Weißkopfseeadler von der Liste der bedrohten Tierarten gestrichen. Es gibt wieder mehr als 5 800 Brutpaare, leider nur ein Bruchteil des einstigen Bestandes.

2 Um nach ganz bestimmten Informationen über den Weißkopfseeadler zu suchen, gehe folgendermaßen vor:

Fragen an den Text stellen

a Überlege dir drei Fragen, die du vom Text beantwortet haben möchtest.

1. Wie sieht ______________________

2. ______________________

3. ______________________

b Stelle zu diesen Fragen Schlüsselwörter zusammen, nach denen du beim Lesen gezielt suchen kannst.

1. Größe, Flügel, Farbe, Gefieder, ______

2. ______

3. ______

Den Text gründlich lesen

3

a Unterteile den Text aus Aufgabe 1 b in Abschnitte. Lies diese gründlich.

b Notiere unbekannte Wörter. Schlage ihre Bedeutung nach, wenn du sie nicht aus dem Textzusammenhang klären kannst.

______

______

______

______

______

______

______

c Formuliere für jeden Abschnitt eine passende Teilüberschrift.

1. ______

______

______

______

______

______

4 Suche im Text die Antworten auf die Fragen aus Aufgabe 2 a.

a Überfliege den Text und markiere die Schlüsselwörter aus Aufgabe 2 b.

Das Wichtigste zusammenfassen

TIPP
Die Antworten können in verschiedenen Abschnitten enthalten sein.

b Lies die markierten Textstellen mit den Schlüsselwörtern genau und beantworte die Fragen in Stichpunkten.

Den Text noch einmal lesen

TIPP
Du kannst Wichtiges unterstreichen, einkreisen oder farbig markieren.

5 Überprüfe, ob du dem Text alle wichtigen Informationen entnommen hast.

a Lies den Text noch einmal und markiere in jedem Abschnitt die wichtigsten Informationen.

b Fasse in Stichpunkten zusammen, was du im Text (S. 44–45, Aufgabe 1 b) über den Weißkopfseeadler erfahren hast.

Einer Grafik Informationen entnehmen

!

In Sachtexten sind häufig grafische Schaubilder, z. B. Tabellen oder **Grafiken**, enthalten. Sie informieren die Leser in anschaulicher Form über Zahlen, Vorgänge und Entwicklungen.
Aus Tabellen und Grafiken kann man **Informationen entnehmen**, indem man:

- die Überschrift liest und das Thema erkennt,
- die Bezeichnungen der Achsen des Diagramms bzw. der Spalten und Zeilen der Tabelle liest,
- den Darstellungen die konkreten Werte entnimmt,
- die Werte miteinander vergleicht und
- Schlussfolgerungen aus dem Vergleich zieht.

Eine Grafik untersuchen

1

a Lies den folgenden Text und betrachte das Diagramm.

Eine 6. Klasse hat sich an einer Thüringer Schule im Fach Ethik der Frage angenommen, was drei Generationen in ihrer Freizeit am liebsten machen. Die Klasse hat jeweils 30 Vertreter der einzelnen Gruppen (Jugendliche, Eltern, Großeltern) befragt und ihre Ergebnisse in Form eines Diagramms dargestellt.

Was machen Jugendliche, Eltern und Großeltern am liebsten in ihrer Freizeit?

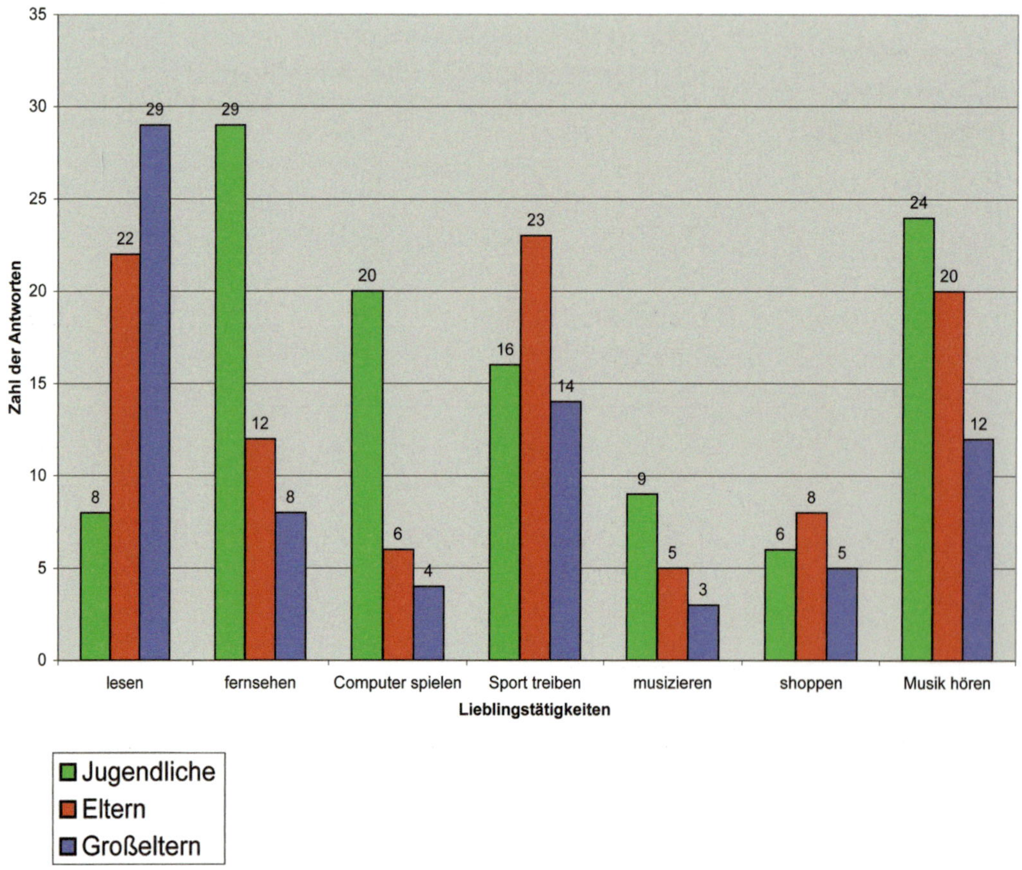

Eine Grafik untersuchen

b Worum geht es in dem Diagramm? Beantworte dazu folgende Fragen.

1 Was wird im Diagramm dargestellt? Sieh dir die Überschrift an.

____

____

2 Welche Daten werden angegeben? Beachte dazu die Beschriftung der Achsen und die Legende.

____

____

____

c Werte das Diagramm aus. Beantworte dazu folgende Fragen.

1 Was sind die drei Lieblingsfreizeitbeschäftigungen der Generationen?

Jugendliche: ____

____

Eltern: ____

____

Großeltern: ____

____

2 Bei welcher Generation liegen die Werte der drei Lieblingsbeschäftigungen weit auseinander?

____

3 Wo gibt es die größten Unterschiede zwischen Jugendlichen und Großeltern?

____

____

____

4 Bei welcher Freizeitbeschäftigung gibt es die geringsten Unterschiede?

5 Wo unterscheiden sich die Werte der Eltern stark von denen der Großeltern?

6 Welches Ergebnis hat dich am meisten überrascht? Begründe.

d Gib die wichtigsten Informationen des Diagramms in einem zusammenhängenden Text wieder. Nutze dazu die Ergebnisse der Aufgaben b und c.

Schwierige Textstellen entschlüsseln

!

Manche Texte sind schwer verständlich. Um **schwierige Textstellen zu entschlüsseln**, kann man so vorgehen:

1. den Text mehrmals lesen, auch laut,
2. die Textstellen markieren, die unverständlich sind,
3. Wörter im Wörterbuch nachschlagen, die man nicht aus dem Textzusammenhang erschließen kann,
4. längere Sätze in mehrere einfache Sätze zerlegen.

1 Lies die folgenden Sätze laut.

Wir wissen von wiederholten Flugversuchen des Menschen bis weit in die Vergangenheit hinein. Sie scheiterten nicht nur an den mangelnden technischen Mitteln, | sondern ebenso an dem tief verwurzelten Glauben der Menschen, dass der Himmel als Lebensraum übernatürlichen Wesen, Göttern, Engeln und Dämonen vorbehalten sei und deshalb den Erdbewohnern verschlossen bleiben müsse.

2 Löse den zweiten Satz in mehrere kurze Sätze auf.

a Überlege, welche Aussagen zusammengehören. Trenne die einzelnen Sinneinheiten mit einem Strich voneinander ab.

b Bilde aus den Sinneinheiten jeweils einen vollständigen Satz.

Sie scheiterten an ______________________________

____

____

____

____

____

____

____

____

Wortarten und Wortformen

Nomen/Substantive

!

Nomen/Substantive bezeichnen Lebewesen, Gegenstände, Gefühle, Vorstellungen, Vorgänge, Orte und Veranstaltungen, z. B.:
Tier, Auto, Angst, Urlaub, Beschreibung, Rostock, Konzert.
Nomen haben einen **Begleiter** (bestimmter oder unbestimmter Artikel, Possessivpronomen), an dem man meist das grammatische **Geschlecht** (Genus), die **Zahl** (Numerus) und den **Fall** (Kasus) erkennt.
Der Fall des Nomens wird durch Verben und Präpositionen bestimmt, z. B.:
Jana besucht ein Rockkonzert.
Wer? (Nominativ) besucht Wen? Was? (Akkusativ)
Sie fährt mit ihrer Freundin.
Wer? (Nominativ) fährt Mit wem? (Dativ)

1

a Unterstreiche im folgenden Text die Nomen/Substantive.

An vielen Schulen gibt es eine Schülerzeitung, die mehrmals in einem Schuljahr erscheint. Darin berichten Jungredakteure über das Leben an ihrer Schule und über Höhepunkte im Schulalltag. Es werden Termine bekannt gegeben, Lehrer oder Schüler vorgestellt und Umfragen gestartet. Manchmal veröffentlichen Mitschüler ihre Gedichte, Geschichten und Berichte. Auch die Gemeinde berichtet über ihre Aktivitäten. Eine interessante Bereicherung sind die Fotos, Zeichnungen, Comics oder Illustrationen.

b Ordne jeweils drei Nomen in jede Spalte der Tabelle ein.

Nomen mit bestimmtem Artikel	Nomen mit unbestimmtem Artikel	Nomen mit Possessivpronomen	Nomen ohne Begleiter
			Schulen

c Wähle drei Nomen aus Aufgabe b aus. Bilde Singular- und Pluralform und schreibe sie jeweils mit dem bestimmten Artikel auf.

die Schule – die Schulen,

!

In der deutschen Sprache können alle **Verben** und **Adjektive** als Nomen/ Substantiv gebraucht – also **nominalisiert/substantiviert** – werden. Sie haben dann die gleichen Merkmale wie Nomen, d. h.:

- sie werden **großgeschrieben**,
- sie können **dekliniert** werden,
- sie können **Begleiter** haben, z. B.:

das Berichten, das ausführliche Berichten, beim (bei dem) Berichten, das schillernde Bunt, dieses Bunte, mit dem Bunt (der Blätter).

2 Verben können nominalisiert/substantiviert werden.

a Unterstreiche im folgenden Text alle Verben.

Noch im alten Schuljahr plante die Projektgruppe eine Umfrage zu den Freizeitinteressen von Kindern und Erwachsenen. Die jungen Redakteure gingen mit Feuereifer an die Arbeit. Zunächst besprachen sie den zeitlichen Ablauf des Projektes. Dann begannen sie damit, den Fragebogen auszuarbeiten.

TIPP
Probiere für die Nominalisierung verschiedene mögliche Begleiter aus, z. B.:
das Merken, zum Merken, beim Merken.

b Ordne die Verben aus dem Text in die Tabelle ein und ergänze die fehlenden Formen.

Verb	Infinitiv	nominalisiertes Verb
plante	planen	beim Planen

c Verwende zwei nominalisierte Verben aus der Tabelle im Satz.

Das Planen war gar nicht so leicht.

3 Auch Adjektive können nominalisiert werden.

a Setze die folgenden Adjektive richtig in die Lücken ein. Entscheide, ob sie groß- oder kleingeschrieben werden.

anstrengend – toll – gut – riesig

1 Die Wochen waren mit anstrengender Arbeit ausgefüllt.

2 Dass sich viele an der Befragung beteiligen wollten, war etwas ________.

3 Das ____________ an der Sache war, dass die meisten Fragebogen noch vor den Ferien zurückkamen.

4 Nun lag ein ________________ Stapel Papier auf dem Redaktionstisch.

b Verwende die folgenden Adjektive jeweils als Attribut in einer Wortgruppe und als Nomen in einem Satz.

groß – jung – lustig – freundlich

die großen Blätter – Die Großen konnten gut helfen.

____

____

____

____

c Entscheide dich für Groß- oder Kleinschreibung und ergänze jeweils den fehlenden Buchstaben. Unterstreiche bei allen Nominalisierungen die Begleiter.

Vom Lesen und ___erstehen eines Textes

1 Beim ersten ___esen verschaffst du dir einen Überblick über den Inhalt.

2 Das ___arkieren von unbekannten Begriffen ist dabei zu empfehlen.

3 Beim ___liedern des Textes in Abschnitte musst du auf Sinnzusammenhänge achten.

4 Die wichtigsten Informationen solltest du ___erausschreiben.

5 Schreibe nur das wirklich ___ichtige auf.

6 Zuletzt kontrolliere das ___eschriebene.

Pronomen

!

Pronomen können **Stellvertreter** oder **Begleiter von Nomen/Substantiven** sein. Sie können wie diese dekliniert (gebeugt) werden. Du kennst:

- **Personalpronomen** (Stellvertreter): *ich, du, er, sie, es; wir, ihr, sie,*
- **Possessivpronomen** (Begleiter): *mein, dein, sein, ihr; unser, euer, ihr,*
- **Relativpronomen** (Stellvertreter): *der, die, das; welcher, welche, welches,*
- **Demonstrativpronomen** (Begleiter oder Stellvertreter): *dieser, diese, dieses; jener, jene, jenes; der, die, das.*

TIPP
Nimm den Merkkasten zu Hilfe.

1 Maria, die Chefredakteurin der Schülerzeitung, hat sich vorgestellt. Lies die Sätze. Ergänze in Klammern, was für ein Pronomen verwendet wurde.

1 Ich (Personalpronomen) heiße Maria. **2** Mein (______________________) Hobby ist das Malen. **3** Ich (______________________) habe im letzten Jahr bei einem Wettbewerb sogar einen Preis gewonnen. **4** Das (______________________) hat mich (______________________) sehr stolz gemacht. **5** Die Jury übergab mir (______________________) eine Urkunde, auf der (______________________) mein (______________________) Siegerbild zu sehen ist.

2

a Setze ein jeweils passendes Demonstrativpronomen ein.

1 Maria ist die Chefredakteurin. Diese Funktion erfordert viel Zeit.

2 Max und Nico beschäftigen sich mit Befragungen der Mitschüler. ________ ist manchmal ziemlich lustig.

3 Beim Schreiben der Artikel am Computer sind Tina und Benni die Schnellsten. ________________ Schnelligkeit ist schon beeindruckend.

b Unterstreiche im ersten Satz jeweils das Wort, auf das das Demonstrativpronomen hinweist.

3 Setze im Nebensatz die richtigen Relativpronomen ein.

1 An alle, __________ uns wichtige Hinweise geben können!

2 Der Fragebogen, __________ wir vorbereitet hatten, ist verschwunden.

3 Wer hat den Karton gesehen, in __________ alles aufbewahrt war?

Verben

!

Verben bilden finite (gebeugte) und infinite (ungebeugte) Verbformen.
Infinite Verbformen sind:
- **Infinitiv**, z. B.: *lachen, lesen, beschreiben,*
- **Partizip I**, z. B.: *lachend, lesend, beschreibend,*
- **Partizip II**, z. B.: *gelacht, gelesen, beschrieben.*

Beide Partizipien kann man wie Adjektive verwenden.
Die **Partizipien** werden folgendermaßen **gebildet**:
- Partizip I Verbstamm + *-(e)nd,*
- Partizip II *(ge-* +) Verbstamm + *-en* oder *-t.*

1 Worüber wird in eurer Schülerzeitung berichtet? Ergänze die Tabelle.

Infinitiv	Partizip I	Partizip II	Wortgruppe
singen	singend	gesungen	singende Kinder
wandern	___	___	___
schreiben	___	___	___
jubeln	___	___	___
toben	___	___	___

2 Bilde von den folgenden Verben jeweils das Partizip II und setze es ein.

(sich) beteiligen – liegen – auswerten – verschwinden

1 Nun ist die grüne Mappe mit den ___ Fragebogen weg.

2 Sie hatte im Redaktionsraum auf dem Tisch ___.

3 Die ___ Schüler ärgerten sich, dass die Ergebnisse ihrer Arbeit ___ waren.

3 Unterstreiche in den folgenden Sätzen die Partizipien und bestimme sie.

1 Die Schüler schreiben über gelungene Veranstaltungen. (Part. II)

2 Manchmal veröffentlichen schreibende Mitschüler ihre Texte. (___)

3 Vor Kurzem hat die Redaktion für eine Umfrage passende Fragen zusammengestellt. (___)

TIPP
Im Satz 3 sind zwei Partizipien zu finden.

!

Verben bilden **Zeitformen** (Tempusformen):

- das **Präsens** *Er freut sich.*
- das **Präteritum** *Er freute sich.*
- das **Perfekt** *Er hat sich gefreut.*
- das **Plusquamperfekt** *Er hatte sich gefreut.*
- das **Futur** *Er wird sich freuen.*

Spricht oder schreibt man im Präsens, dann verwendet man das Perfekt für die Handlung, die bereits zuvor abgeschlossen ist (**Vorzeitigkeit**), z. B.:

Sie haben für heute ihre Aufgaben erledigt und gehen nun nach Hause.
Perfekt Präsens

Spricht oder schreibt man im Präteritum, verwendet man das Plusquamperfekt für die Handlung, die zuvor bereits abgeschlossen war, z. B.:

Sie hatten ihre Aufgaben erledigt und gingen nun nach Hause.
Plusquamperfekt Präteritum

4

a Unterstreiche die Zeitformen der Verben.

1 O Schreck! Während der letzten Tage hatten die Fragebogen auf dem Tisch der Redaktion gelegen, gestern aber suchten sie vergeblich danach. **2** Irgendjemand hatte sie weggenommen. **3** Oder hatte man sie gar gestohlen? **4** Das hatte es noch nicht gegeben. **5** Den Schülern verschlug es die Sprache. **6** Warum nur hatten sie den Raum nicht abgeschlossen?

b Welche Zeitformen wurden verwendet? Begründe deine Feststellung.

____

____

5 Bestimme, welche Handlung zuerst stattgefunden hat, und setze das Verb in Klammern in der richtigen Zeitform ein.

1 Die Redaktionsmitglieder ____________________ die Fragebogen ____________________ und beginnen nun nachzuforschen. (verlieren)

2 Sie ____________________ alle Beteiligten ____________________, doch die Fragebogen bleiben verschwunden. (befragen)

3 Einige befürchten gar, dass man sie ____________________. (stehlen)

4 Sie prüfen nun noch einmal genau, wer die Fragebogen zuletzt ______________________________. (sehen)

!

Von allen Verben kann man **Aktivformen** bilden, von vielen auch **Passivformen**.
- **Aktiv** (Betonung des Handelnden), z.B.:
  Die Schüler schreiben eine Suchmeldung.
- **Passiv** (Handelnder unwichtig oder unbekannt, *werden* + Partizip II), z.B.:
  Eine Suchmeldung wird (von den Schülern) geschrieben.

6 Ergänze in der Tabelle die fehlenden Formen.

	Aktivform	Passivform
Präsens	ich schreibe	der Brief wird
Präteritum	ich schrieb	
Perfekt		
Plusquamperfekt		
Futur		

7

a Unterstreiche im folgenden Aushang die handelnden Personen einmal, die Verbformen zweimal.

ACHTUNG! SEHR WICHTIG!
Wir vermissen wichtiges Informationsmaterial. Die Schülerredaktion sucht nach der Auswertung eurer Befragung. Wir benötigen dringend Hinweise zum Verschwinden der Papiere. Wir warten auf eure Ermittlungsergebnisse!

TIPP
Lies noch einmal im Merkkasten nach, wie die Passivform gebildet wird.

b Bilde zu den unterstrichenen Verben die Passivformen.

wird vermisst, ___

___

___

c Schreibe den Text des Aushangs aus Aufgabe a im Passiv in dein Heft. Welche Variante ist besser geeignet? Begründe.

Adverbien

!

Adverbien geben an, wann, wo, wie oder warum etwas geschieht. Man unterscheidet:

- **Adverbien der Zeit** (Wann? Wie oft?), z. B.: *gestern, mittags, manchmal,*
- **Adverbien des Ortes** (Wo? Wohin?), z. B.: *überall, unten, hinüber,*
- **Adverbien der Art und Weise** (Wie?), z. B.: *gern, ungern,*
- **Adverbien des Grundes** (Warum?), z. B.: *deswegen, deshalb, darum.*

1

a Ergänze die passenden Adverbien.

meistens – mittags – oft – draußen – manchmal – dann – gern

1 In den Ferien schlafe ich meistens bis ______________.

2 ______________ wird es wirklich Zeit, ______________ zu spielen.

3 ______________ treffe ich meine Freunde.

4 Wir kochen ______________ zusammen, z. B. ______________ Spagetti mit Tomatensoße.

b Schreibe einen interessanten Bericht über deinen Tagesablauf für die Schülerzeitung. Verwende dabei einige der folgenden Adverbien.

morgens – mittags – nachmittags – abends – nachts – meistens – oft – gern – ungern – darum – draußen – drinnen

____

____

____

____

____

____

____

____

____

Numeralien

!

Numeralien sind **Zahlwörter**, die eine Menge oder eine Anzahl angeben.
Man unterscheidet zwei Arten:

- **bestimmte Numeralien**, z. B.: *eins, zwei, hundert, tausendster,*
- **unbestimmte Numeralien**, z. B.: *alle, viele, einige, mehrere.*

Numeralien gehören zu **verschiedenen Wortarten**:

- Nomen: *Millionen Menschen saßen am Bildschirm.*
- Adjektiv: *Viele Menschen warteten gespannt auf das Sportereignis.*
- Adverb: *Leider fiel zweimal das Bild aus.*

1 Unterstreiche in den Sprichwörtern und Märchentiteln die Numeralien.

1 Viele Köche verderben den Brei.

2 Wenn zwei sich streiten, freut sich der Dritte.

3 Einer für alle, alle für einen.

4 Wer viel wagt, gewinnt.

5 Der Wolf und die sieben Geißlein

6 Sechs(e) kommen durch die ganze Welt

2

a Markiere in dem Rezept alle Numeralien.

Für alle Hamburger-Fans: Zutaten für vier gesunde Hamburger

- vier Vollkornbrötchen
- 300 g Rinderhack
- einige Salatblätter
- zwei Zwiebeln
- zwei Tomaten
- saure Gürkchen, so viele wie du magst
- wenig Majo
- etwas Salz, Pfeffer, verschiedene Kräuter

b Ordne die Numeralien aus Aufgabe a richtig zu.

bestimmte Numeralien: ______________________________

____

unbestimmte Numeralien: ______________________________

____

Satzbau und Zeichensetzung

Der einfache Satz

!

Der Satzbau und die **Satzart** sind abhängig von der Aussageabsicht des Sprechers bzw. Schreibers.

- **Aussagesatz**: informieren oder etwas mitteilen, Satzschlusszeichen: Punkt, finite Verbform an zweiter Stelle
- **Fragesatz**: nach einer Sache fragen, Satzschlusszeichen: Fragezeichen, Fragewort oder finite Verbform an erster Stelle
- **Aufforderungssatz**: zum Handeln auffordern, Satzschlusszeichen: Ausrufezeichen oder Punkt, finite Verbform an erster Stelle

Auch mit der Umstellung von **Satzgliedern** kann man unterschiedliche Aussageabsichten verwirklichen. Mithilfe der **Umstellprobe** kann man die Satzglieder eines Satzes ermitteln.

1

a Bilde mit den beiden Verben aus der Wortliste je einen Aussagesatz, einen Fragesatz und einen Aufforderungssatz.

WORTLISTE
telefonieren – finden

____

____

____

____

____

____

b Markiere die Satzschlusszeichen farbig und unterstreiche die finiten Verbformen.

2

a Bestimme die Satzart der folgenden Sätze.

1 Milch macht müde Männer munter. ______________________

2 Taucht Tine tiefer in Tunesien? ______________________

3 Basti, bau billige Baumhäuser! ______________________

b Wähle einen Satz aus und stelle mündlich die Satzglieder so oft wie möglich um. Welche Satzart entsteht? Nenne die Aussageabsicht.

Subjekt und Prädikat

!

Ein Satz besitzt ein Subjekt und ein Prädikat, welche durch weitere Satzglieder ergänzt werden können. Subjekt und Prädikat bilden den **Satzkern**.

Das **Subjekt** (Wer? Was?) ist der Satzgegenstand, es steht im Nominativ.
Das **Prädikat** (Was wird über das Subjekt ausgesagt?) sagt etwas über das Subjekt aus. Es kann ein- oder mehrteilig sein. Mehrteilige Prädikate können andere Satzglieder einrahmen (**prädikativer Rahmen**).

Mehrere Schüler gaben Hinweise.
Wer? Subjekt Was wird ausgesagt? Prädikat

Die Fragebogen wurden unter einem Stapel Papier gefunden.
Was? Subjekt Was wird ausgesagt? Prädikat/prädikativer Rahmen

TIPP
Das Subjekt muss nicht an erster Stelle im Satz stehen.

1

a Unterstreiche das Subjekt einmal, das Prädikat zweimal und bestimme deren Zahl (Singular/Plural).

1 Die Fragebogen haben sich wieder angefunden. (Plural)
2 Nun steht die schwierigste Aufgabe noch bevor. (__________)
3 Die Redaktionsmitglieder müssen die Antworten auswerten. (__________)
4 Sie müssen Strichlisten führen und Stimmen auszählen. (__________)
5 Zum Schluss wird Maria ein Diagramm zur Auswertung erstellen.
(__________)
6 Maik wird einen Artikel für die Schülerzeitung schreiben. (__________)

b Kennzeichne den prädikativen Rahmen jeweils durch eine Linie.

2

a Bilde mithilfe der folgenden Verben Sätze im Präsens oder Präteritum.

ablehnen – nachfragen – abfragen – zurückgehen – durchsagen

1. Ich lehne ____________________

____

____

____

____

b Kennzeichne den prädikativen Rahmen wie in Aufgabe 1 b.

Objekt (Ergänzung)

!

Das Objekt ergänzt das Prädikat. Der Fall des Objekts ist vom Verb oder einer Präposition abhängig. Man unterscheidet:

- **Akkusativobjekt** (Wen? Was?), z. B.: *Sie gaben interessante Antworten.*
- **Dativobjekt** (Wem?), z. B.: *Diese gefielen der Redaktion.*
- **Genitivobjekt** (Wessen?), z. B.: *Sie erinnerten sich des schweren Anfangs.*
- **Präpositionalobjekt** (Fall hängt von Präposition ab), z. B.:

Jana und Sandra beschäftigen sich mit Fotografie. Womit? Dativ
Sie sprechen oft über ihr Hobby. Worüber? (Über was?) Akkusativ
Das Genitivobjekt wird heute meist in der Schriftsprache verwendet.

1

TIPP
Du solltest zwei Genitivobjekte finden.

a Ermittle mithilfe der Fragen, um welche Objekte es sich bei den unterstrichenen Satzgliedern handelt. Schreibe die Frage auf.

1 Die Chefredakteurin berief die nächste Redaktionssitzung ein.

Was berief die Chefredakteurin ein? → Akkusativobjekt

2 Die Schüler hörten ihr aufmerksam zu.

______

3 Alle erfreuten sich bester Laune.

______

4 Heute wollten sie die spannendsten Freizeitbeschäftigungen auswählen.

______

5 Diese Arbeit bedurfte einiger Geduld.

______

●●●

b Welches Objekt verlangen diese Verben? Ordne sie richtig ein.

TIPP
Wenn du unsicher bist, bilde kurze Sätze und nutze die Frageprobe.

antworten – anrufen – sich rühmen – begegnen – fragen – sich erfreuen

Genitivobjekt	Dativobjekt	Akkusativobjekt
______	______	______
______	______	______

2

a Welche Wörter kann man sinnvoll zu einer Wortgruppe zusammenfügen? Verbinde sie durch eine Linie.

sich bedienen	der Stimme
sich erfreuen	der Mithilfe
sich entledigen	großer Beliebtheit
sich enthalten	der vielen Arbeit

b Bilde mit den Wortgruppen aus Aufgabe a Sätze. Unterstreiche das Prädikat zweimal, das Genitivobjekt einmal.

____

____

____

____

3

a Unterstreiche in den folgenden Sätzen die Verben zweimal und die dazugehörigen Präpositionalobjekte einmal.

1 Viele Schüler schreiben auch über ihre Hobbys.

2 Manche beschäftigen sich zum Beispiel mit seltenen Tieren.

3 Sie erzählen von Vereinen, Arbeitsgemeinschaften, Clubs und Jugendtreffpunkten.

4 Die Redakteure hoffen auf weitere Informationen.

5 Sie verabreden sich mit ihrer Lehrerin.

6 Morgen wollen sie sich um weitere Projekte kümmern.

●●● b Schreibe den Infinitiv der Verben aus Aufgabe a mit der dazugehörigen Präposition heraus. Ergänze das Fragewort und bestimme den Fall des Präpositionalobjekts.

____

____

____

____

____

Adverbialbestimmung (Umstandsbestimmung)

!

Prädikate werden oft durch Adverbialbestimmungen näher bestimmt.
Man unterscheidet:

- **Temporalbestimmung**: Wann? Wie lange? Bis wann? Seit wann?
- **Lokalbestimmung**: Wo? Woher? Wohin?
- **Adverbialbestimmung der Art und Weise (Modalbestimmung)**: Wie? Auf welche Art und Weise?
- **Adverbialbestimmung des Grundes (Kausalbestimmung)**: Weswegen? Aus welchem Grund? Warum?

1

a Unterstreiche im Text alle Temporal- und Lokalbestimmungen.

Die Redaktion fand in den letzten Tagen oft Post in ihrem Briefkasten. Michelle schrieb unter anderem: Ich habe mich sofort an die Arbeit gemacht, als ich euren Aufruf im Schaukasten las. Ich bin gleich in mein Zimmer gegangen und habe nach interessanten Materialien gesucht. Da mein Hobby das Fotografieren ist, bin ich häufig in der Natur unterwegs. Viele schöne Fotos konnte ich schon in meine Alben einkleben.

b Ordne die Adverbialbestimmungen in die richtige Spalte der Tabelle ein.

Temporalbestimmung	Lokalbestimmung
______________________	______________________
______________________	______________________
______________________	______________________
______________________	______________________
______________________	______________________

2

TIPP
Lies im Merkkasten nach, wie du danach fragen kannst.

a Unterstreiche in den Sätzen die Adverbialbestimmungen der Art und Weise (Modalbestimmungen).

1 Die Redaktionsmitglieder einigten sich schnell, welche Schüler sie noch einmal interviewen wollten.

2 Voller Erwartung sprachen sie Nick, Pascal und Robin an.

3 Die Jungen wunderten sich sehr, dass die erste Wahl auf sie gefallen war.

b Auf welche Art und Weise kann man etwas tun? Schreibe mindestens zwei Möglichkeiten auf.

spielen: *lautlos,* ______ schwimmen: ______

laufen: ______ basteln: ______

sprechen: ______ toben: ______

3 Suche in den folgenden Sätzen nach Adverbialbestimmungen des Grundes (Kausalbestimmungen). Unterstreiche sie, schreibe die passende Frage auf.

1 Weil Nick, Pascal und Robin sehr interessante Antworten auf einige Fragen gegeben hatten, sollten nun alle Schüler etwas über ihr Hobby erfahren.

Warum sollten alle Schüler ______

2 Wegen der drängenden Zeit luden die drei Jungen die Schülerredaktion gleich in ihr Vereinshaus ein.

______

3 Da sie es nicht allein betreten durften, baten sie ihren „Chef“, auch zu kommen.

______

4 Der freute sich riesig, weil noch nicht genug Leute von ihnen und ihren Aktivitäten wussten.

______

●●● **4** Du hast bestimmt schon mal eine wichtige Sache vergessen oder bist zu spät gekommen. Überlege dir witzige Ausreden, die dein Versäumnis erklären. Schreibe fünf Sätze auf, verwende Adverbialbestimmungen des Grundes. Nutze auch die Wortliste.

WORTLISTE
wegen –
weil – aufgrund –
deshalb

Leider konnte ich nicht kommen, weil mein Hamster Ohrenschmerzen hatte.

______

______

______

______

Attribut (Beifügung)

!

Attribute sind **Satzgliedteile**, die ein Nomen näher bestimmen. Sie können vor oder hinter dem Nomen stehen. Attribute kann man mit den Fragen *Welche(-r, -s)? Was für ein(-e)?* ermitteln, z. B.:

die neuen Küchengeräte	Was für Küchengeräte?
der Topf ohne Henkel	Welcher Topf?

1

a Unterstreiche in den Sätzen die Attribute.

1 Die Redakteure der Schülerzeitung staunen, als sie das Vereinshaus betreten.

2 Sie stehen in einem kleinen Museum.

3 Sie sehen viele unbekannte Gegenstände.

b Welche Attribute beschreiben welche Nomen genauer? Verbinde sie durch Linien.

ein Trichter	mit Teppich
das Muster	vom Aluminiumtopf
der Griff	aus Holz
ein Webstuhl	der Kaffeekanne
die Speichen	aus Messing

c Bilde Sätze, in denen du die Nomen aus Aufgabe b mit den passenden Attributen verwendest. Nutze die Wortliste.

WORTLISTE
sehen –
bestaunen –
bewundern –
ausprobieren –
befühlen

Sie bewundern einen Trichter aus

Der zusammengesetzte Satz

Satzgefüge

!

Aus Sätzen, die inhaltlich eng verbunden sind, kann man zusammengesetzte Sätze bilden. Man unterscheidet **Satzgefüge**, **Satzreihen** (Satzverbindungen) und **mehrfach zusammengesetzte Sätze**.
Satzgefüge bestehen aus **Hauptsatz** und **Nebensatz**. Sie werden häufig durch **Konjunktionen** (*weil, wenn, dass, bevor*) oder **Relativpronomen** (*der, die, das; welche*) verbunden und immer durch ein **Komma** voneinander abgegrenzt.
Nebensätze erkennt man daran, dass
- die finite Verbform an letzter Stelle steht, z. B.: *Es freut mich, dass du da bist.*
- am Anfang meist ein Einleitewort steht, z. B.: *Da es regnet, bleiben wir hier.*

Im **Hauptsatz** steht die finite Verbform meist an zweiter Stelle, z. B.:
Es dauerte aber fast zwei Jahre, bis die Räume eingerichtet waren.

HAUPTSATZ , NEBENSATZ .

1

a Setze die passenden Konjunktionen aus der Wortliste in die Lücken ein.

WORTLISTE
da – dass – seitdem – wenn – weil

1 ______________ die Vereinsmitglieder in ihren Trachten unterwegs sind, schmunzeln manchmal auch einige Leute.

2 Sie finden es gewöhnungsbedürftig, ______________ die Männer und Frauen mit seltsamen Kopfbedeckungen herumlaufen.

3 ______________ sie jedoch bei vielen Veranstaltungen dabei gewesen sind, gewöhnen sich die meisten an die außergewöhnliche Gruppe.

4 Sie haben viele Freunde gefunden, ______________ sie zeigen, wie die Menschen früher in diesem Gebiet gelebt haben.

5 ______________ die Vereinsmitglieder aus vielen Berufsgruppen kommen, können sie viele Reparaturen an Kleidung und alten Geräten selbst ausführen.

TIPP
Hs: finite Verbform an zweiter Stelle
Ns: finite Verbform an letzter Stelle

b Bestimme in jedem Satz die Haupt- und Nebensätze. Zeichne die Satzbilder.

1. NS, ______________________________

____

____

WORTLISTE
da – dass –
weil –
obwohl

2 Verbinde die Teilsätze durch passende Konjunktionen und setze die fehlenden Kommas. Nutze die Wörter aus der Wortliste.

1 ______________ das Gebäude nur aus drei Räumen besteht musste die Gestaltung genau überlegt werden.

2 Man entschied sich für das Einrichten einer richtigen Wohnung ________ sehr viel Hausrat aus alten Zeiten zusammengetragen worden war.

3 ______________ viele Gegenstände heute nicht mehr bekannt sind kann man durch Ausprobieren ihren ursprünglichen Zweck erahnen.

4 Es freut die Gestalter ______________ heute oft Gruppen aus Kindergärten und Schulen zur Besichtigung und zum Lernen kommen.

TIPP
Die Sätze musst du dabei leicht verändern. Beachte, dass du zwei Kommas setzen musst, wenn der Nebensatz in den Hauptsatz eingeschoben ist.

3 Verbinde die folgenden Teilsätze durch das Relativpronomen, das in Klammern steht. Setze das Komma an die richtige Stelle.

1 Das Schmuckstück der Küche ist ein alter Herd. Er ist schon über 100 Jahre alt. (der)

____

____

2 Die Vereinsmitglieder polieren ihn liebevoll auf Hochglanz. Die Vereinsmitglieder haben Putzdienst. (die)

____

____

3 An besonderen Festtagen wird der Herd sogar angefeuert. Die Festtage gestaltet der Verein meist mit. (welche)

____

____

4 Viele Leute kommen und probieren die leckeren Gerichte. Die leckeren Gerichte kennen sie entweder noch aus ihrer Kindheit oder gar nicht. (die)

____

____

TIPP
Die Sätze musst du dabei leicht verändern. Beachte, dass manchmal zwei Kommas nötig sind.

●●● **4** Bilde Satzgefüge. Erkläre die unterstrichenen Nomen mithilfe von Relativsätzen. Verwende die Angaben in Klammern. Setze die Kommas.

1 Auch andere Küchengeräte kommen zum Einsatz. (sehr alt)

Auch andere Küchengeräte, die sehr alt sind, ______________________

____

2 Aufsehen erregt immer wieder eine Backmulde. (besteht aus Holz)

____

____

3 In der Backmulde werden verschiedene Teige geknetet. (1,20 m lang, 50 cm tief)

____

____

4 In der Scheune steht ein großer Leiterwagen. (stammt aus dem 18. Jahrhundert)

____

____

5 In der Küche findet man ein Butterfass. (fasst 50 Liter Milch)

____

____

TIPP
Suche auch nach den Subjekten und den dazugehörenden finiten Verbformen.

5 Setze die fehlenden Kommas. Unterstreiche in den Nebensätzen die Einleitewörter (Konjunktionen, Relativpronomen) verschiedenfarbig.

Achtung, Fehler!

1 Die Besucher erfahren dass der kleine Verein erst seit fünf Jahren besteht.

2 Der Verein dessen Mitglieder sich sehr für die Geschichte ihrer Stadt interessieren sammelte viele Informationen und historische Gegenstände.

3 Eine kleine Firma die die Arbeit des Vereins unterstützt stellte einen Raum für die Ausstellung zur Verfügung.

4 Weil inzwischen sogar 200 Jahre alte Gegenstände zu besichtigen sind kommen zahlreiche Besucher.

Satzreihe (Satzverbindung)

!

Wenn man mindestens zwei Hauptsätze miteinander verbindet, entsteht eine **Satzreihe** (Satzverbindung). Die Sätze werden oft mit Konjunktionen (*und, oder, aber, denn, (je)doch, beziehungsweise*) verbunden.
Hauptsätze, die ohne Konjunktion oder durch **entgegenstellende Konjunktionen** (*aber, doch, sondern*) verbunden sind, müssen durch **Komma** voneinander abgegrenzt werden, z. B.:
Eine Gruppe bereitet den Teig zu, die andere Gruppe feuert den Herd an.
Die Arbeit am Herd ist sehr anstrengend, aber sie macht auch viel Spaß.

HAUPTSATZ , HAUPTSATZ .

Zwischen Hauptsätzen, die durch **aufzählende Konjunktionen** (*und, beziehungsweise*) verbunden sind, setzt man in der Regel kein Komma, z. B.:
Eine Gruppe bereitet den Teig zu und die andere Gruppe feuert den Herd an.

1 Verbinde die Satzpaare zu einer Satzreihe. Verwende die Konjunktionen aus der Wortliste und setze, wenn notwendig, die Kommas.

WORTLISTE
und – aber – doch – denn

1 Ein Team besteht immer aus drei Gruppen. Sie müssen ihre Arbeit gut aufeinander abstimmen.

Ein Team besteht immer aus drei Gruppen und diese müssen ______

______

2 Alle kennen ihre Aufgaben sehr genau. Es kommt manchmal zu Verzögerungen.

______

______

3 Meist sind sie an Wochenenden auf Festen zu Gast. Alle sind gern zum Mitmachen bereit.

______

______

4 Abends sind die Teilnehmer sehr müde und abgespannt. Sie waren dann oft 10 bis 12 Stunden im Einsatz.

______

______

Mehrfach zusammengesetzte Sätze

!

Wenn drei oder mehr Haupt- und Nebensätze miteinander verbunden sind, spricht man von einem **mehrfach zusammengesetzten Satz**. Auch hier werden die Teilsätze durch Kommas voneinander getrennt, z. B.:

Beliebt ist ein bestimmter Kartoffelteig, der schnell zubereitet werden kann, weil er aus einfachen Zutaten besteht.

HAUPTSATZ , NEBENSATZ , NEBENSATZ .

TIPP
Beachte, dass das Subjekt und die finite Verbform in Person und Zahl übereinstimmen.

1 Unterstreiche in allen Teilsätzen das Subjekt einmal und die dazugehörende finite (gebeugte) Verbform zweimal. Ergänze in Klammern, wie viele Teilsätze du gefunden hast.

1 Wenn man die Küchengeräte, die schon sehr alt sind, benutzen möchte, muss man sich gut auskennen. (3)

2 Wer von den Besuchern, die oft aus verschiedenen Generationen stammen, kennt noch eine Backmulde, die aus Holz war? (__)

3 Einige der Besucher wissen noch, dass früher der Kuchenteig oft zum Bäcker gebracht wurde, damit er dort gebacken wurde. (__)

●●● 2 Bilde Satzgefüge mit zwei Nebensätzen. Verwende die in Klammern stehenden Konjunktionen und Relativpronomen als Einleitewörter.

1 mehligkochende Kartoffeln verwenden – kochen – mit einer Kartoffelquetsche pressen (die, damit)

Es werden mehligkochende Kartoffeln verwendet, die gekocht werden, damit

2 Teig lange kneten – Zutaten verbinden sich – Ausrollen möglich (weil, sodass)

Backmulden

Wortbildung

Zusammensetzungen

!

Zusammensetzungen bestehen aus einem **Grundwort** und einem **Bestimmungswort**. Das Grundwort steht immer hinten und legt die Wortart und das Geschlecht (Genus) des zusammengesetzten Wortes fest. Durch das Bestimmungswort wird die Bedeutung des Grundwortes verändert. Manchmal muss ein **Fugenelement**, wie *-e-*, *-(e)s-*, *-(e)n-*, *-er-*, eingefügt werden, z. B.:

die Geschichte + *das Buch* → *das Geschichtsbuch*
der Hund + *die Hütte* → *die Hundehütte*
die Sonne + *klar* → *sonnenklar*

1

a Welche Wörter kannst du zu einem Wort zusammensetzen? Verbinde die passenden Wörter mit einer Linie.

b Schreibe die Wörter, wenn möglich, mit ihrem Artikel auf.

das Bild + der Rahmen: der

c Welche neuen Wörter kannst du bilden? Schreibe mindestens sechs mit ihrem Artikel auf. Unterstreiche die Konsonantenhäufung.

Stoff – Topf – Tuch – brennen – Sand – Kunststoff – schwimmen – Stall – Fetzen – Bett – Fett – Nessel – Fluss – Fahrt – Folie – Laterne

der Stofffetzen,

Ableitungen

!

> Ableitungen entstehen durch das Anfügen von **Präfixen** (Vorsilben) und **Suffixen** (Nachsilben) an einen Wortstamm, z. B.:
> *ver + sprech + en → versprechen; sprech + er → der Sprecher.*
> Ableitungen entstehen auch durch die **Änderung des Stammvokals**, z. B.:
> *fließen → der Fluss; liegen → die Lage.*

1 Bilde Ableitungen, indem du die Präfixe (Vorsilben) aus der Wortliste sinnvoll mit den Infinitiven verbindest.

WORTLISTE
be-, ent-, miss-, ver-, zer-

brauchen – laden – reißen – lassen – beißen – suchen – nehmen – achten – biegen – legen – fallen – gönnen – tauschen – fließen

____

____

____

____

____

2

a Bilde aus den Verben abgeleitete Nomen und schreibe diese mit ihrem Artikel auf.

gehen – liegen – sagen – fragen – denken – stürmen – ziehen – greifen – lesen – spotten – brauchen

der Gang, ______________________________

____

____

b Aus einigen Verben aus Aufgabe a lassen sich auch Adjektive ableiten. Schreibe sie auf und unterstreiche die Suffixe.

TIPP
Du kannst mindestens fünf Adjektive bilden.

____

____

____

Wortfamilien

!

Wörter, die den gleichen Wortstamm haben, gehören zu einer **Wortfamilie**.
Eine Wortfamilie bildet sich aus Zusammensetzungen und Ableitungen.
Ableitungen: *Spieler, spielerisch, verspielt*,
Zusammensetzungen: *Spieltag, Fußballspiel, ausspielen*.

TIPP
Einige Wörter lassen sich nicht zuordnen.

1 Hier hat jemand vier Wortfamilien durcheinandergewirbelt. Bringe Ordnung in das Chaos und schreibe die vier Familien auf.

gießen | fraglich | anbauen | Frage | zerbrechlich | vergießen | bauen | Bruch | ausgießen | begießen | verbauen | befragen | Guss | brechen | Bau | Abbruch | vergessen | Anbau | lesen | zerbrechen | Fragewort | Gießkanne | baulich | fragen | gebrochen | anfragen | stürmen

1. gießen, ______________________

____

____

____

____

____

____

____

____

____

____

____

nicht zuzuordnen: ______________________

____

In einem Wörterbuch nachschlagen

!

Einträge in Wörterbüchern geben dir viele Informationen zu einzelnen Wörtern. **Seitenleitwörter** helfen, sich in einem Wörterbuch schnell zurechtzufinden. Sie geben das erste und letzte Wort auf einer Seite oder Doppelseite an.

1 Folgende Seitenleitwörter findest du in einem Wörterbuch.

S. 498 – 499	Maulbeere – mega
S. 506 – 507	Mikado – minder
S. 514 – 515	mitwirken – Mole
S. 524 – 525	münden – Mut

a Auf welchen der oben genannten Seiten kannst du die folgenden Wörter finden? Schreibe die entsprechende Seitenzahl auf.

Mokassin: S. ____________ Maut: S. ____________

Medaille: S. ____________ Milz: S. ____________

musterhaft: S. ____________ mobben: S. ____________

Mikrowelle: S. ____________ musikalisch: S. ____________

●●● **b** Ordne folgende Wörter alphabetisch.

TIPP
Sortiere nach dem dritten oder vierten Buchstaben.

morgens – Motto – morsch – Motiv – Mosaik

____

2 Zu den Stichwörtern enthält ein Wörterbuch auf kleinstem Raum viele Informationen.

a Sieh dir das folgende Stichwort an.

Betonung Silbentrennung Infinitiv schwierige Verbformen Imperativ

le|sen; du liest; er liest; du lasest; du läsest; gelesen; lies! (*Abk.* l.); lesen lernen, *aber* ↑ K 82: beim Lesenlernen

besondere Schreibungen

WORTLISTE
Nominativ –
Aussprache –
Artikel –
Genitiv Singular –
Nominativ
Plural –
Herkunft –
Bedeutung

b Welche Informationen gibt dir das folgende Beispiel?
Ordne die Beschriftungen aus der Wortliste zu.

Lap|top ['lɛ...], der, *auch* das; -s, -s ‹engl.›
(kleiner, tragbarer Personal Computer)

3 Schlage folgende Wörter nach und ergänze die Tabelle.

Stichwort	Artikel/ Geschlecht	Plural	Silben-trennung	Wort-bedeutung
Chip				
Clique				
Rochen				
Soja				

TIPP
Nutze mehrere Wörterbücher.

4 Es gibt Wörter, die mehrere Bedeutungen haben. Trage die unterschiedlichen Bedeutungen der Wörter zusammen. Überprüfe deine Lösung im Wörterbuch.

hinhalten:

Artikel:

Probe:

5

a Lies den Eintrag aus dem Wörterbuch der Jugendsprache.

easy *engl.* = leicht, mühelos, einfach, bequem, gemächlich, behaglich; jugendsprachliche Bedeutungsveränderung: 1. locker, unkompliziert; 2. angenehm

b Was verstehst du unter folgendem Wort? Verfasse einen Wörterbucheintrag nach dem Beispiel aus Aufgabe a.

paletti

c Überprüfe in einem Wörterbuch die Bedeutung dieses Wortes.

Wortstämme richtig schreiben

Wörter mit langem Stammvokal

!

Wenn die erste Silbe des Wortstammes auf einen Konsonanten (Mitlaut) endet, ist der Stammvokal in der Regel kurz, z. B.: *Fal-ter*.
Dagegen wird der Stammvokal immer lang gesprochen, wenn ein Vokal (Selbstlaut) am Ende der ersten Silbe steht, z. B.: *Va-se*.
Einsilbige Wörter muss man verlängern, z. B.: *Wal – Wa-le, Zwerg – Zwer-ge*.

1

a Lies das folgende Gedicht von Joachim Ringelnatz.

Heimatlose
Ich bin fast
Gestorben vor Schreck:
In dem Haus, wo ich zu Gast
War, im Versteck,
Bewegte sich,
Regte sich
Plötzlich hinter einem Brett
In einem Kasten neben dem Klosett
Ohne Beinchen,
Stumm, fremd und nett
Ein Meerschweinchen.
Sah mich bange an,
Sah mich lange an,
Sann wohl hin und sann wohl her
Wagte sich dann heran
Und fragte mich:
„Wo ist das Meer?“

b Ordne die folgenden Wörter aus dem Gedicht richtig zu.

gestorben – bewegte – hinter – Kasten – neben – lange – Kante – sah

kurzer Stammvokal: ____

____

langer Stammvokal: ____

____

●●● **c** Suche aus dem Gedicht in Aufgabe a je ein weiteres Beispiel für kurze und lange Stammvokale heraus.

2 Bilde zu folgenden Verben den Infinitiv (Grundform) und eine Wortgruppe.

bewegte sich: sich bewegen, die Maus bewegte sich

regte sich: ______

sah: ______

wagte: ______

3 Lang gesprochene Vokale werden unterschiedlich geschrieben. Ergänze folgende Merksätze. Wähle ein passendes Beispiel aus der Wortliste aus und ordne es zu.

WORTLISTE
wählen – Tal – Wahl – klären – Schaf – sehen – drehen – dehnen

1 Einige ______ gesprochene Stammvokale werden mit einem Dehnungs-___ geschrieben.

2 Das Dehnungs-___ steht am Ende einer ______, z. B.: ______.

3 Beginnt ein Wort mit *kl*, *kr*, *qu*, *sp*, *t* oder *sch*, steht ______ ein Dehnungs-*h*, z. B.: ______.

4 Manche Wörter haben ein *h* am Silbenanfang. Deshalb nennt man es ______ *h*, z. B.: ______.

5 Bei verwandten Wörtern bleibt das ___ im Wort ______ erhalten, z. B.: ______.

4

a Welche Wortpaare reimen sich? Schreibe die Paare auf.

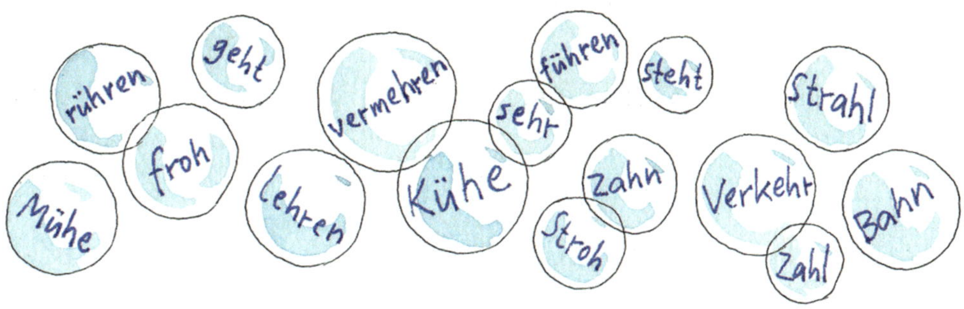

______

______

______

b Bilde mit vier Wörtern aus Aufgabe a lustige Sätze und schreibe sie in dein Heft.

5

a Welche unterschiedlichen Dehnungszeichen kannst du in den folgenden Wörtern erkennen? Schreibe sie auf.

ohne Dehnungszeichen: Tiger, ______________________________

____

____

____

b Ergänze den folgenden Merksatz.

Das lang gesprochene *i* wird meist als ________ und manchmal nur als ________ geschrieben. ________ tritt nur in den Wörtern *ihm, ihn,* ________, *ihre* auf. Ganz selten wird ________ geschrieben, z. B.: *Vieh, siehst, lieh.*

6 Hier kannst du lesen, wie der Tag von Leonie aussieht. Leider ist er etwas lückenhaft. Ergänze die Sätze.

1 Fr____morgens st____t Leonie auf. **2** Sie z____lt bis drei und springt von der L____ge. **3** Danach g____t sie schnell zum Fr____stück. **4** Heute gibt es Br____tchen und H____nig. **5** Dazu trinkt Leonie warmen T____.
6 Anschließend putzt sie ____re Z____ne und wäscht Gesicht und H__nde.
7 Auf dem Weg zur Sch____le überlegt sie, worauf sie sich heute freuen kann. **8** Ein Bild m____len, eine Geschichte l____sen, F____rrad f____ren, bis 1000 z____len. **9** Und vielleicht ein wenig den L____rer ____rgern?
10 Du solltest dich sch____men!

Wörter mit kurzem Stammvokal

!

Nach einem **kurzen Stammvokal** folgen meist **zwei Konsonanten** (Mitlaute). Der Konsonant wird nach einem kurzen Vokal (Selbstlaut) verdoppelt, wenn er zwei Silben wie ein Gelenk miteinander verbindet (Silbengelenk), z. B.:
Wan – ne, Kel – le.
Entsteht bei zwei unterschiedlichen Konsonanten kein Silbengelenk, wird nicht verdoppelt, z. B.: *Tan – te, hal – ten.*
Einsilbige Wörter muss man verlängern, um zu wissen, wie sie geschrieben werden, z. B.: *muss – müs-sen, Wald – Wäl-der.*

1 Ordne die folgenden Wörter richtig zu.

TIPP
Überlege, welche Rechtschreibhilfen du nutzen kannst.

kurzer Vokal + doppelter Konsonant: ______________________

____

kurzer Vokal + unterschiedliche Konsonanten: ______________________

____

2

a Trage passende Wörter in die Tabelle ein.

	Doppelkonsonant nach kurzem Vokal	**Verschiedene Konsonanten nach kurzem Vokal**
a	*nn:* ______	*mp:* ______
e	*rr:* ______	*tz:* ______
i	*ll:* ______	*st:* ______
o	*pp:* ______	*lk:* ______
u	*tt:* ______	*ck:* ______

MERKZETTEL
Diese Wörter will ich mir merken:

______
______
______
______
______
______

b Prüfe mithilfe der Überschrift in der Kopfzeile der Tabelle, ob du die richtige Spalte gewählt hast.

TIPP
In Wörterbüchern findest du auch Wörter aus Wortfamilien.

3

a Suche möglichst viele Wörter zu folgenden Wortfamilien.

halten	treffen

b Unterstreiche in den Wortfamilien jeweils den Wortstamm.

4 In die folgenden Sprichwörter haben sich Rechtschreibfehler eingeschlichen.

TIPP
In manchen Sätzen haben sich mehrere Fehler versteckt.

Achtung, Fehler!

a Suche die Fehler und unterstreiche sie.

1 Iren ist menschlich.

2 Es ist noch kein Meister vomm Himel gefallen.

3 Wer anderen eine Grube gräbt, fählt selbst hinein.

4 Was der Bauer nicht kent, ist er nicht.

5 Hast du Zahnpasta im Ohr, komt dir ales leiser vor.

6 Mach's wie die Glühbirne, trag's mit Fasung.

b Schreibe die Sprichwörter in der richtigen Schreibung auf.

Wörter mit *s*, *ss*, *ß* im Wortstamm

!

In Wörtern mit langem Stammvokal oder mit Diphthong (Zwielaut) schreibt man ***s***, wenn der *s*-Laut **stimmhaft** (**summend**) gesprochen wird, z. B.: *Rose, leise*.
In Wörtern mit langem Stammvokal oder mit Diphthong schreibt man ***ß***, wenn der *s*-Laut **stimmlos** (**zischend**) gesprochen wird, z. B.: *schließen, grüßen*.
Nach kurzem Stammvokal wird ***ss*** geschrieben, z. B.: *essen, messbar*.

Rechtschreibhilfe: deutlich sprechen

1 Stimmhaftes oder stimmloses *s*?

a Lies diese Wörter laut. Sprich deutlich.

riesig – rissig, Hasen – hassen, reisen – reißen, Preise – heiß,
lasen – lassen, Mäuse – Sträuße

b Ordne nun die Wörter aus Aufgabe a richtig zu.

stimmhaftes (summendes) s: ______________________

____

stimmloses (zischendes) s: ______________________

____

____

2 Wann sprichst du ein stimmloses, wann ein stimmhaftes *s*?

a Lies die Wörter laut.

TIPP
Überlege, welche Rechtschreibhilfen du nutzen kannst.

b Suche die Wortpaare und schreibe sie auf.

Fels – Felsen, ______________________

____

____

____

TIPP
Nimm geeignete Beispiele aus Aufgabe b zu Hilfe, um deine Aussagen zu überprüfen.

c Ergänze die folgenden Merksätze.

1 Bei einsilbigen Wörtern wird der *s*-Laut am Wortende

____ gesprochen.

2 Ob ein einsilbiges Wort mit *s* oder *ß* geschrieben wird, findet man durch die ____ probe heraus.

3 Hört man in dem zweisilbigen Wort ein stimmhaftes (summendes) *s*, wird auch in der einsilbigen Wortform ein ____ geschrieben.

3 *s*, *ss* oder *ß*? Setze richtig ein.

1 der Flu____	**2** die Kla____e	**3** der Sto____	**4** das Schlo____
5 das Fa____	**6** die Lau____	**7** sie sa____	**8** das Ma____
9 er grü____t	**10** die Ta____e	**11** die Ma____e	**12** pa____en
13 ich gie____e	**14** fa____en	**15** der Ku____	**16** flie____en

Rechtschreibhilfe: Wörter einprägen

4

a Der Brief von Tom enthält einige Lücken. Wähle ein passendes Wort aus der Wortliste und setze es ein.

WORTLISTE
äußerst – meist – fast – lästig – bloß – draußen – zuverlässig – kein bisschen – außerdem

Hallo, Tom,
liebe Grüße aus unserem Urlaub. Heute haben wir ein Schloss besichtigt. Dazu gibt es eine ____________ ungewöhnliche Geschichte. ____________ hätte ich Angst bekommen. Klingt spannend, oder? Alles aufzuschreiben, dauert jetzt ____________ zu lange.
Ich erzähle es dir lieber zu Hause, wenn wir ____________ bei uns im Garten sitzen. Mit dem Wetter haben wir Glück. ____________ scheint die Sonne, nur die vielen Mücken sind ____________.
____________ waren wir schon klettern. Das hat Spaß gemacht und war ____________ langweilig.
Beim Klettern brauchst du einen ____________ Partner, der dir auch mal hilft.
Bis bald!
Dein Felix

MERKZETTEL
Diese Wörter will ich mir merken:

____

____

____

____

____

b Markiere die eingesetzten Wörter farbig. Schreibe die Wörter, die dir Schwierigkeiten bereiten, noch einmal in den Merkzettel in der Randspalte.

das oder *dass*?

!

Der Artikel und das Relativpronomen ***das*** werden mit *s* geschrieben.
Das Relativpronomen ***das*** leitet einen Relativsatz ein und bezieht sich auf ein vorangegangenes Nomen/Substantiv, z. B.:
Das ist das Auto, ***das*** *gestohlen wurde.*
Die Konjunktion ***dass*** wird mit ***ss*** geschrieben. Sie leitet einen Nebensatz ein und steht oft in Verbindung mit Verben, wie *glauben, hoffen, ahnen, wissen, wollen, meinen, wünschen, sagen, finden,* z. B.:
Ich ahne, ***dass*** *er zu meinem Geburtstag nicht kommen kann.*
Die **Ersatzprobe** hilft beim Erkennen der richtigen Schreibung:
Kann man ***welches*** oder ***dies(es)*** einsetzen, schreibt man ***das***.

1

Rechtschreibhilfe: Ersatzprobe

a Setze *das* oder *dass* richtig ein.

1 ________ Inlineskaten macht großen Spaß.

2 ________ heute die Sonne scheint, halte ich für unwahrscheinlich.

3 ________ Boot lief voll Wasser, ohne ________ die Ruderer es merkten.

4 ________ Haus, ________ dort an der Ecke steht, ist sehr alt.

5 Ich hoffe, ________ du einen interessierten Käufer findest.

6 Sie verließen ________ Zimmer, ohne ________ Licht zu löschen.

7 Ohne gründliches Überlegen lässt sich ________ Fahrrad nicht reparieren.

●●● **b** Bestimme die Wortart des eingesetzten Wortes. Unterstreiche Artikel blau, Relativpronomen schwarz und Konjunktionen rot.

2 Verbinde die beiden Sätze jeweils mithilfe von *das* oder *dass*.

1 Die Polizei suchte das Auto. Das Auto wurde gestern Nacht gestohlen.

____

____

2 Ich hoffe es. Zum Geburtstag bekomme ich ein neues Fahrrad.

____

____

____

Gleich und ähnlich klingende Vokale

alt – älter – ______

> **!** Mit ***ä*** und ***äu*** schreibt man immer dann, wenn es zu diesen Wörtern ein **stammverwandtes Wort** mit ***a*** oder ***au*** gibt, z. B.: *erkältet – kalt, Bäume – Baum.* Von anderen Wörtern muss man sich die Schreibung merken, weil es keine verwandten Wörter gibt, z. B.: *Lärm, dämmern, vorwärts.*

1 Schneller, höher, weiter …

a Suche zu folgenden Bildern passende Adjektive und steigere sie. Schreibe auf die Linien in der Randspalte.

b Markiere in den Adjektiven die Änderungen des Vokals.

Rechtschreibhilfe: Verwandtschaftsprobe

2

a Ergänze die fehlenden Vokale in den folgenden Wörtern.

1 Gebäude	**4** Abent___er	**7** gebr___chlich	**10** bed___ten
2 H___s	**5** L___te	**8** sch___ßlich	**11** h___slich
3 s___erlich	**6** B___erin	**9** vers___men	**12** M___se

b Wähle vier Wörter aus Aufgabe a aus und verwende sie in Wortgruppen.

das zerfallene Gebäude, ______

3 Erkläre die Schreibung dieser gleich klingenden Wörter in deinem Heft.

1 Die Kriminalpolizei löst viele Fälle.
Die Felle mancher Tiere sind sehr kostbar.

2 Die Wände im Kinderzimmer müssen unbedingt gestrichen werden.
1989 kam für die Bürger der DDR die Wende.

Worttrennung

!

Für die **Worttrennung** gelten folgende **Regeln**:

1. Bei mehrsilbigen einfachen Wörtern erfolgt die Trennung nach Sprechsilben, z. B.: *Fal-le, Rin-der, Sa-la-mi.*
2. Einzelne Vokale am Wortanfang oder am Wortende werden nicht abgetrennt, z. B.: *Ofen, Schreie.*
3. *ch, ck, sch, ph, th* werden nicht getrennt, z. B.: *ma-chen, Bä-cker, Ge-schenk, Stro-phe, Zi-ther.*
4. Zusammengesetzte Wörter und Wörter mit Präfixen (Vorsilben) werden zwischen den einzelnen Wortbausteinen getrennt, z. B.: *Hand-ball, Hand-ball-mann-schaft, Vor-trag, ver-suchen.*

Rechtschreibhilfe: deutlich sprechen

1 Durch langsames und deutliches Sprechen kannst du die Silben eines Wortes ermitteln.

a Lies den folgenden Zungenbrecher.

Sie|ben Riesen niesen,
weil Nieselwinde bliesen.
Ließen die Winde dieses Nieseln,
ließen die Riesen auch das Niesen.

b Markiere mit einem Strich, wo die Wörter getrennt werden könnten.

2 Trenne folgende Wörter nach Wortbausteinen.

Tischbein: ______________________

Schaukelstuhllehne: ______________________

Holzkopf: ______________________

Großeinkauf: ______________________

3 Schreibe die Wörter mit allen sinnvollen Trennungsmöglichkeiten auf.

Kartoffelsack: ______________________

Winterabend: ______________________

Schneckenhaus: ______________________

Krümelmonster: ______________________

Groß- und Kleinschreibung

!

Verben können zu Nomen/Substantiven werden. Diese werden dann **nominalisierte/substantivierte Verben** genannt. Sie werden **großgeschrieben**. Wenn Adjektive als Nomen/Substantive gebraucht werden, nennt man sie **nominalisierte/substantivierte Adjektive**.

Nominalisierte Verben und Adjektive erkennt man an folgenden **Merkmalen**:

- Artikel (*der, die, das; ein, eine*), z. B.: *das Schreiben, der Große,*
- Adjektive (*groß, klein, ...*), z. B.: *das richtige Schreiben,*
- Pronomen (*mein, dein, ihr, dieses, ...*), z. B.: *dieses Warten, mein Bestes,*
- unbestimmte Zahlwörter (*alles, etwas, ...*), z. B.: *alles Liebe, etwas Großes,*
- Präpositionen (+ Artikel) (*auf, am/an dem, ...*) z. B.: *beim Malen, im Dunkeln.*

1 In den folgenden Sätzen werden Verben als Nomen/Substantive gebraucht.

a Setze die passenden Wörter aus der Wortliste in der richtigen Form ein.

WORTLISTE
warten – schreien – biegen – brechen – niesen – auftreten – rauchen – tuscheln

1 Das Warten hat sich gelohnt.
2 Ihr schlechtes Auftreten vor der Klasse sorgte für Diskussionen.
3 Sein Niesen erschreckte uns alle.
4 Tim wollte auf Biegen und Brechen gewinnen.
5 In der Schule ist das Rauchen verboten.
6 In der Turnhalle half nur noch das laute Schreien des Sportlehrers.
7 Beim Test hörte Frau Liebig unser Tuscheln.

b Markiere die Signale für die Großschreibung der Verben.

2

a Suche zu jedem Bild ein passendes Verb.

______ ______ ______ ______

b Bilde Sätze, in denen die Verben aus Aufgabe a als Nomen gebraucht werden.

____

____

____

TIPP
Manchmal musst du die Endungen verändern.

3 Schreibe mögliche Wortgruppen in dein Heft.
Achte auf die Groß- und Kleinschreibung.

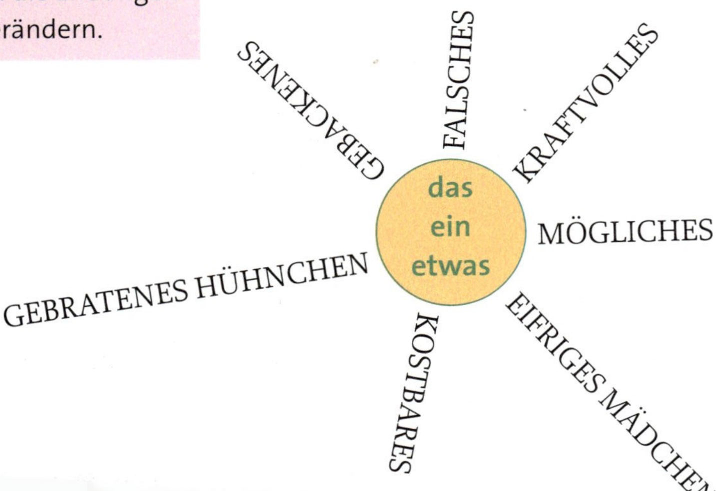

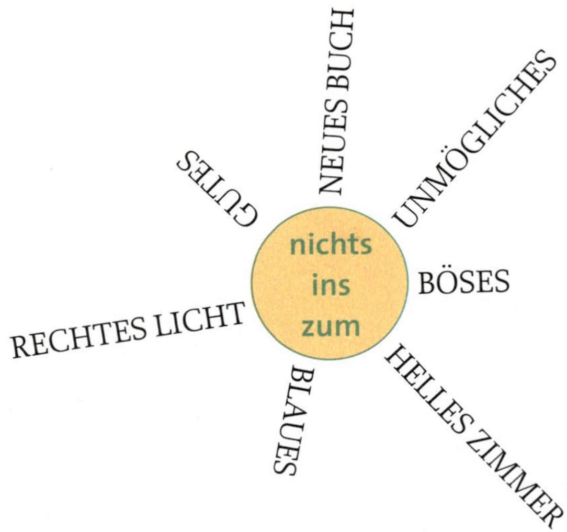

Fremdwörter

! **Fremdwörter** erkennt man oft an typischen Wortbauteilen, wie an den **Suffixen** (Nachsilben): *-ier(en)*, *-ie*, *-ik*, *-iv*, *-(t)ion* und *-ität*.

1 Suche zu folgenden Nomen das passende Verb.

Telefon – ____________________ Dekoration – ____________________

Adoption – ____________________ Installation – ____________________

Gratulation – ____________________ Organisation – ____________________

2 Im Deutschunterricht verwendet ihr viele Fremdwörter. Setze die Wörter aus der Wortliste in folgende Wortgruppen ein.

WORTLISTE
Informationen – Diskussion – konjugieren – Präsentation – deklinieren – interessieren – diskutieren – konzentrieren

1 eine ____________________ führen **2** ein Problem ____________________

3 starke Verben ____________________ **4** ein männliches Substantiv ____________________

5 ____________________ aus einem Text entnehmen

6 sich für Bücher ____________________ **7** sich auf die Arbeit

Teste dich selbst!

Der folgende Test hilft dir herauszufinden, was du schon sicher kannst und was du noch üben musst. Folgende Bereiche kannst du überprüfen:

A Verstehen von Texten (Aufgabe 1–4)	ca. 20 min.	/ 19 P.
B Grammatik (Aufgabe 5–10)	ca. 15 min.	/ 60 P.
C Rechtschreibung (Aufgabe 11–15)	ca. 20 min.	/ 70 P.
D Schreiben von Texten (Aufgabe 16)	ca. 60 min.	/ P.
Insgesamt:	ca. 115 min.	**/ P.**

Den Bewertungsmaßstab für Teil D müsst ihr in der Klasse festlegen. Bevor du mit der Bearbeitung der Aufgaben beginnst, lies die Aufgabenstellungen genau. Trage in die Kästchen deine erreichte Punktzahl ein.

Müllhalde im Bauch

Am liebsten fressen Albatrosse Tintenfische, Fischeier und kleine Krebse. Die majestätischen Tiere suchen ihre Beute, während sie mit ihren fast zwei Meter langen Flügeln über die Wellenkämme schweben. Kürzlich fand die Biologin Cynthia Vanderlip Gegenstände im Magen eines toten Albatros. Insgesamt entdeckte die Forscherin 306 Teile, viele davon scharfkantig. Wie konnte eine Zahnbürste, ein Feuerzeug oder ein Flaschendeckel in den Magen des Seevogels gelangen? Die Jungvögel werden von ihren Eltern mit den Eiern von Fliegenden Fischen gefüttert. Diese Fische legen ihre Eier an Gegenständen ab, die im Meer treiben, etwa Stroh oder Treibholz. Doch heute treibt da leider jede Menge Plastikmüll. Jedes Jahr landen 6,4 Millionen Tonnen Abfall im Ozean.

Der Abfall stammt von Schiffen oder wird von den Flüssen ins Meer gespült. Die Albatros-Eltern schnappen sich die Plastikteile mit den daran klebenden Fischeiern, fliegen zum Nest und stopfen das vermeintliche Futter ihren Jungen in den Schnabel – weil sie glauben, ihnen damit Gutes zu tun. Leider sind die Albatrosse nicht schlau genug, um die Fischeier vom Plastikmüll zu trennen. So kommt eine Zahnbürste in den Magen eines Albatros. Und so verenden jedes Jahr hunderte Vögel, weil in ihrem Magen kein Platz mehr ist für die richtige Nahrung.

A Textverständnis

1 P

1 Um welches Thema geht es in dem Text? Überfliege ihn und kreuze die richtige Lösung an.

- [ ] **a)** um das Aussehen von Albatrossen
- [ ] **b)** um die Gefährdung der Albatrosse durch Müll im Meer
- [ ] **c)** um die Lebensweise von Albatrossen

6 P

2 Notiere dir jeweils mindestens zwei geeignete Schlüsselwörter zu folgenden Fragen.

1 Wovon ernähren sich Albatrosse?

____

2 Woher stammt der Abfall im Meer?

____

3 Wie kommt der Müll in den Magen der Albatrosse?

____

3 P

3 Lies den Text gründlich und markiere beim Lesen deine Schlüsselwörter aus Aufgabe 2.

9 P

4 Beantworte mithilfe der Markierungen die Fragen aus Aufgabe 2.

____

____

____

____

____

____

____

____

____

B Grammatik

6 P

5 Bestimme die Wortart der unterstrichenen Wörter und schreibe sie in die Klammern dahinter.

Die (__________) albatrosse (____________________) gehören (__________) zu einer familie von seevögeln aus (________________) der ordnung der röhrennasen. Von den einundzwanzig arten kommen siebzehn in den südlichen (______________) ozeanen vor, drei (________________________) im nordpazifik und eine in den tropen.

9 P

6 Schreibe die Sätze aus Aufgabe 5 in der richtigen Groß- und Kleinschreibung auf.

____

____

____

____

____

____

8 P

7 Unterstreiche in den folgenden Sätzen die Attribute.

1 Die großen Albatrosse besitzen lange und schmale Flügel.
2 Mit ihrer riesigen Flügelspannweite übertreffen Albatrosse alle lebenden Vogelarten.
3 Albatrosse sind Seevögel und gehören zur Ordnung der Röhrennasen.
4 Außerdem gehören sie zu den schwersten flugfähigen Vögeln.

10 P

8 Unterstreiche in den folgenden Sätzen die Adverbialbestimmungen. Bestimme die Art und schreibe sie auf.

1 Der größte Teil der Albatrosarten lebt auf der Südhalbkugel.

____

2 Die Albatrosse sehen bedrohlich aus, weil sie große, kräftige und spitze Schnäbel haben.

____

3 Wegen einer alten Seefahrerlegende haben die Albatrosse keinen guten Ruf bei den Menschen.

____

4 In alten Zeiten glaubten die Menschen, dass die Seelen verstorbener Seeleute in den Albatrossen weiterleben.

____

19 P

9 Unterstreiche in den Sätzen die finiten Verbformen und setze die fehlenden Kommas. Schreibe in die Klammern, ob es sich um einen einfachen Satz, eine Satzreihe (Satzverbindung) oder ein Satzgefüge handelt.

1 Beide Eltern müssen Brutpflege betreiben denn die Zeit vom Nestbau bis zur Selbstständigkeit der Jungtiere beträgt ein Jahr. (__________)

2 Albatrosse nisten in Kolonien die einige hundert bis einige tausend Nester umfassen können. (__________)

3 Die größten Kolonien bilden Laysanalbatrosse und Schwarzbrauen-Albatrosse bei denen über 100 000 Paare zusammen brüten können. (__________)

4 Selbst bei den größten Kolonien stehen die Nester in Abständen von einigen Metern zueinander sodass es wenig Kontakt zwischen den Brutpaaren gibt. (__________)

5 Die meisten Albatrosse bauen große Nester aus Gräsern Moosen und Schlamm. (__________)

8 P

10 Setze die Wortgruppen aus der Wortliste in der richtigen Form ein. Bestimme den Fall des Objekts und schreibe ihn in die Klammer.

WORTLISTE
der andere – die Albatrosse – sehr große Strecken – große Ausdauer

1 Albatrosse können __________ zurücklegen, allerdings mit großem Zeitaufwand. (__________)

2 __________ können sie sich nicht rühmen. (__________)

3 Außerdem fällt __________ Start und Landung auf dem Land sehr schwer. (__________)

4 Diese Vögel sind Egoisten, kein Albatros kümmert sich um __________. (__________)

C Rechtschreibung

8 P

11 Ordne die Wörter mit kurzem Stammvokal in die richtige Spalte ein.

Tinte – füttern – Flüsse – stammen – Eltern – schnappen – stopfen – verenden

zwei gleiche Konsonanten	zwei unterschiedliche Konsonanten
______	______
______	______
______	______
______	______

11 P

12 Suche aus dem Text Wörter mit einem langen Stammvokal heraus. Ordne jeder Gruppe mindestens drei Wörter zu, der letzten Gruppe zwei.

ohne Dehnungszeichen: ______

mit *h*: ______

mit *ie*: ______

mit Doppelvokal: ______

9 P

13 Suche jeweils drei stammverwandte Wörter. Achte auf die Schreibung des *s*-Lauts.

Flüsse: ______

fressen: ______

aufgerissen: ______

4 P

14 Suche aus dem Text je ein passendes Fremdwort zu folgenden Umschreibungen heraus.

1 Anrede von Kaisern und Königen – ______________________

2 große Seevögel der südlichen Erdhalbkugel – ______________________

3 Wissenschaftler auf dem Gebiet der Wissenschaft vom Leben – ______________________

4 Kunststoff – ______________________

38 P

15 Schreibe folgende Sätze in richtiger Groß- und Kleinschreibung. Setze zuerst Trennungsstriche, um die Wörter richtig abzugrenzen. (Für jedes richtig geschriebene Wort gibt es einen halben Punkt.)

Diealbatrosseschnappensichdieplastikteilemitdenfischeiern,fliegenmitdem müllzumnestundstopfendasvermeintlichefutterihrenjungenindenaufgeriss enenschnabel,weilsieglauben,ihnendamitguteszutun.Leidersinddiealbatross enichtschlaugenug,umdiefischeiervomplastikmüllzutrennen.Sokommteine zahnbürsteindenmageneinesalbatros.Undsosterbenjedesjahrvielevögel,weili nihremmagenkeinplatzmehristfürdierichtigenahrung.

____

____

____

____

____

____

____

____

____

D Texte schreiben

P

16 Lies den Text „Müllhalde im Bauch“ noch einmal. Wie kam eine Zahnbürste in den Magen des Albatros? Denke dir dazu eine Fantasiegeschichte aus. Gehe dabei so vor:

- Sammle Ideen und entwirf einen Erzählplan.
- Schreibe dann einen Entwurf. Denke an eine passende Überschrift.
- Überarbeite deinen Entwurf und schreibe die Endfassung in dein Heft.